LA FORMULE

ESSAI DE SOLUTION

DE LA QUESTION SOCIALE

PAR

A. SCHIFFMANN

PARIS

IMPRIMERIE DES ÉCOLES

HENRI JOUVE

23, Rue Racine, 23

1888

LA FORMULE

ESSAI DE SOLUTION

DE LA QUESTION SOCIALE

LA FORMULE

ESSAI DE SOLUTION

DE LA QUESTION SOCIALE

PAR

A. SCHIFFMANN

PARIS

IMPRIMERIE DES ECOLES

HENRI JOUVE

23, Rue Racine, 23

1888

LA FORMULE

ESSAI DE SOLUTION DE LA QUESTION SOCIALE

INTRODUCTION

§ 1. — *Les facteurs de la loi universelle dans l'Absolu.*

Les savants reconnaissent qu'une loi unique régit les choses, les êtres et l'univers ; mais chacun d'eux la détermine selon sa manière de voir ; de sorte qu'il en résulte autant de lois uniques que de savants qui la recherchent. S'agit-il, par exemple, de l'enchaînement des causes, de la succession des mouvements et de la vie ? Aussitôt apparaissent des milliers de théories contradictoires sur la force unique qui produit ces effets. On confesse, on sait par habitude que la connaissance vraie est un résultat exclusif de l'expérience et que celle-ci est, pour ainsi dire, le résultat d'un mécanisme immuable et naturel qui fonctionne en nous, autour de nous, partout ; mais on ne veut pas se servir d'une machine si vulgaire et si simple, dont le travail a certainement pour objet la production de la fameuse loi, de la connaissance vraie et du *pourquoi des choses.* On préfère inventer des machines

1

compliquées de rouages imaginaires, immatériels que la pensée humaine fait fonctionner et qui ne peuvent produire que des connaissances immatérielles, c'est-à-dire des pensées et des idées indéterminées : tels ces beaux rêves stériles, au courant desquels nous croyons étreindre si passionnément la matière.

Les pensées engendrent la pensée et les hypothèses, l'hypothèse. Admettre le contraire, c'est reconnaître que l'effet peut être produit sans cause ; c'est admettre la *création* ou la *transmutation* des espèces et des choses ; c'est méconnaître l'axiome que rien ne vient de rien.

Il y a plus de mystères et de surnaturel dans les théories mentales de la nébuleuse et de l'évolution que dans la création vulgaire.

Les partisans de la création ne prouvent rien quand ils disent aux évolutionnistes :

« Dans les limites de notre expérience, nous n'avons pas d'exemple d'un fait tel qu'une transmutation d'espèce ; donc, en bonne philosophie, on ne peut admettre dans aucun cas une transmutation d'espèce. »

Les évolutionnistes ne prouvent rien en répondant :

« Dans les limites de notre expérience, nous n'avons pas d'exemple d'une *création* d'espèce ; donc, en bonne philosophie, on ne peut admettre en aucun cas une création d'espèce (H. Spencer). »

Car il reste une opinion expérimentale que nul ne peut contredire :

Si les espèces ont toujours existé, elles n'ont eu besoin ni de *création* ni de *transmutation.*

La recherche d'origines qui n'existent pas a dévoyé la science. Les hypothèses gratuites de création fantaisiste, de nébuleuse et d'évolution n'aboutissent qu'à compliquer le problème de l'existence des êtres et des choses. Elles n'ont servi qu'à créer un mystère impénétrable, où il n'y a pas seulement un problème, mais un axiome de la plus grande simplicité et le seul fait *positif* qui soit dans l'univers.

La transmutation des espèces est aussi ridicule que leur création, et l'évolution de la matière l'est autant que celle du ver. Jamais les partisans de ces billevisées nouvelles et éphémères ne pourront donner une réponse, sans laquelle il n'y a rien de fait, à cette simple question : *Pourquoi ?*

Si l'homme de sens commun, au contraire, débarrassant son esprit de ces vaines utopies, parvient à introduire dans ses lobes cervicaux la persuasion que le *temps présent* est la synonymie, la synthèse de l'Éternité ; que l'Éternité est la liaison, *sans cesse présente,* de l'infini passé et de l'infini futur ; que l'homme, en tant que vie, mouvement, action, ne peut saisir ni l'un ni l'autre de ces trois temps : tout s'éclaire et la conclusion naturelle est que les choses ont toujours été ce qu'elles sont, parce qu'elles sont et, qu'*étant* ne peuvent pas *ne pas être;* et, à la question : Pourquoi ? il répondra simplement ! Voyez et touchez ; jouissez et souffrez par tous vos sens de l'effet des combinaisons *incessantes* entre ces dualités inséparables

la chaleur)   la matière) le mouvement
    et   et   et
la lumière)   l'atmosphère)   la vie.

Alors disparaissent les difficultés insolubles. Nous avons l'absolu et l'éternité sous la main. Nous n'avons à étudier, pour les connaître, dans l'ordre du mouvement et de la vie, que les combinaisons *présentes*, dont les unes sont des causes incontestablement éternelles, absolues, continues, et les autres des effets temporaires, successifs et accidentels.

Mais, résultat étrange! Dès que nous avons acquis le concept réel de l'éternité, c'est-à-dire du *temps présent*, nous voyons entrer en fonctions, à l'heure même, la *création* et la *transmutation* des êtres en choses et des choses en êtres : jamais des espèces en espèces. Alors nous constatons une transformation incessante de métaux en gaz, de gaz en eau.

La chaleur et la lumière semblent se solidifier avec la matière et l'atmosphère pour créer des germes de végétaux, d'animaux et d'homme qui acquièrent leurs formes, leurs organes, leur chair en se dévorant simultanément suivant un ordre hiérarchique. Les végétaux confectionnent leurs structures variées en s'assimilant la matière, des gaz, de l'eau : les animaux herbivores mangent les végétaux : les carnivores dévorent les herbivores et, enfin, au sommet de cette échelle, l'homme insatiable dispose des trois règnes. La vraie nébuleuse consiste dans les combinaisons éternelles de l'atmosphère, et l'évolution dans l'enchaînement de ces opérations. Quant au ver Darwinien, la doctrine formulaire ne saurait en rien faire par les raisons, expérimentalement plausibles, que son auteur a oublié de lui donner une femelle, et qu'il n'est pas prouvé qu'un androgyne ait jamais conçu sans la collaboration d'un autre androgyne.

A la rigueur, quoiqu'avec difficulté, on pourrait comprendre qu'un couple humain tropical et poilu eût enfanté des êtres inférieurs dépourvus du *sens de la parole*. Le cas a dû se présenter des millions de fois dans l'Éternité. Tous les jours il naît viables des sourds-muets, des aveugles, des idiots et des monstres. On conçoit que la sélection pratiquée dans notre civilisation actuelle les fasse disparaître bientôt : mais cette sélection et cette civilisation, ont pu ne pas toujours exister et ces êtres ont pu former librement des espèces. D'ailleurs, qui n'a vu, en sa vie, des êtres humains, femmes et hommes, au moins aussi laids que des singes ?

Une force est acquise, éternelle, toute puissante : c'est le point central, la vie absolue, le Soleil, la Nature, Dieu : ce que vous voudrez. On conçoit qu'elle ait dépensé quelques quantités incommensurables de cette puissance pour former l'homme de toute éternité : que l'homme, capable de maintenir le degré qu'il en a reçu, ait pu, accidentellement, par une cause naturelle ou quelconque, engendrer un être inférieur ; celui-ci engendrer un singe, et ainsi de suite, jusqu'au microbe.

On cesse de comprendre que le microbe ait pu engendrer un ver.

Tel qui peut le plus peut le moins : celui qui est capable de porter un sac de farine se chargera facilement d'un sac de son ; une force capable de projeter un corps à mille mètres de distance pourra facilement le projeter à cent mètres ; mais il est impossible de concevoir ces propositions posées dans un sens contraire. Que le ver Darwinien, androgyne ou non, soit le produit dégénéré d'un ver supérieur ou de la vie générale *présente :* d'accord ; mais qu'il soit né spontanément de la matière inorganique, de la boue, de la mort, cela est impossible. La matière *alimente* la vie, mais ne l'*engendre* pas. Journellement nous constatons que, faute d'aliments, la vie se transforme en mouvement : jamais que le mouvement se convertisse en vie. Je puis admettre que les bêtes soient nos enfants dégénérés : jamais qu'elles soient nos pères. Ainsi s'expliquerait tout naturellement notre sensibilité à la vue de leurs souffrances, notre sympathie même, mesurées exactement sur les qualités, les degrés d'intelligence dont elles sont douées et qui les éloignent où les rapprochent de nous. Là encore serait peut-être le secret de cette obéissance, de cette soumission singulière que montrent ces animaux envers un être aussi chétif que l'homme sous le poids des durs travaux que nous leur infligeons.

L'évolution de *bas en haut* serait la négation de la loi universelle. Elle ne saurait concorder avec cette loi sociologique fondamentale : l'autorité naturelle des pères sur leurs enfants.

Les bêtes abandonnées à elles-mêmes, en pleine liberté, tendent à la dégénérescence quant à la qualité. Les races bovines et chevalines importées en Amérique par les Espagnols ont multiplié : mais la taille et la force de ces espèces ont considérablement baissé.

Les bêtes sont insensibles à la sélection. Voyez-les dans les *llanos* du Centre-Amérique, dans les plaines de l'Ouest où paissent en liberté des troupeaux innombrables. Voyez si la vache semble s'attacher à la distinction native du mâle, et si le plus beau et le plus vaillant des taureaux la dédaigne sous le prétexte qu'elle est vieille et laide. La plus affreuse chienne de berger en chasse est la bienvenue du plus beau des Terre-Neuve, et la King-Charle de salon accepterait, à un moment donné, les caresses du plus affreux des roquets.

Le couple humain seul est capable de sélection dans son espèce et dans les autres ; encore est-il assez fréquent de nos jours de constater qu'il donne la préférence au nombre des écus plutôt qu'à la beauté des formes, et c'est probablement cette inclination anti-naturelle, née de l'organisation sociale, qui rend la race humaine, en tant que forme, stationnaire.

Les mêmes phénomènes se produisent dans les végétaux. Les pistils ne témoignent aucune affection particulière pour certaines étamines, et *vice versa*. Le pollen féconde, au hasard des vents, des mouvements, des insectes et des oiseaux, les individus de son espèce.

Les pommes de terre que j'ai mangées à Bogota, pays d'origine de ce tubercule, étaient inférieures en qualité à celles que je mange ici ; le pain, également, y était *bis*, quoique fait de blé pur ; parce que ces aliments, produits de semences successives non variées, ont dégénéré. La même chose arriverait en France si le cultivateur, chaque année, ne prenait le soin de renouveler ses semences.

Dès l'instant qu'on ne peut mettre en doute, sans être

taxé d'idiotisme, que la matière, étant indestructible, est éternelle, il faut nécessairement admettre que si la terre, agrégée aujourd'hui, fut diffuse en un temps, ces états alternèrent des millions de fois dans l'Éternité passée. Pourquoi, et dans quel but? Si la nature a une tendance à la perfection, au désordre ou à la dissolution, elle eut le temps de réaliser ces différents états ; si c'est pour passer son temps à faire et défaire de belles choses, comme une simple Pénélope ennuyée, elle est imparfaite. Nous blâmerions un homme qui agirait aussi bêtement.

Ainsi, le ver et la nébuleuse, qui combattent la *création*, aboutissent à une infinité de *créations*.

Il n'y a pas de milieu : ou la nébuleuse fut peuplée, au moins en germes, de l'infinité des êtres organiques qui croissent et vivent sur la terre, ou d'innombrables générations mâles et femelles naquirent spontanément.

Que si le ver naquit hermaphrodite, la loi de sélection et la loi d'hérédité des qualités physiques et morales sont ruinées sans retour.

Comment concevoir que la matière, inerte sans la chaleur, inutile sans le temps, fut incréée et que la pensée, la parole et la vie seraient créables ? Si ces facultés, plus merveilleuses et compliquées que la matière, apparurent spontanément dans un temps, elles furent des effets sans cause.

Les lois naturelles sont simples. La théorie Darwinienne est trop scientifique et compliquée pour être vraie. Jamais elle ne sera comprise ni acceptée des masses simples parce qu'elle est contraire au sens commun et qu'elle manque de fondement expérimental. Que les espèces aient revêtu des formes différentes en des milieux divers : que l'homme ait eu des ailes, s'il fut dans la nébuleuse : des nageoires, s'il a vécu dans l'eau : avec des ailes ou des nageoires, il n'en était pas moins un homme et il avait une femme. Le ver de Darwin est resté ver et ses pigeons, avec leurs couleurs acquises, sont restés pigeons. Quand les oiseaux perdront leurs ailes, faute d'usage, comme l'autruche : quand les poissons, faute d'eau, convertiront leurs nageoires en ailes, ces bêtes n'en seront pas moins des bêtes.

D'un autre côté, que la transmutation des espèces, par l'évolution sélective, soit vraie ou fausse : que les êtres et les choses aient commencé ou qu'ils aient toujours existé : qu'un Dieu soit ou ne soit pas : en quoi l'une ou l'autre de ces théories peut-elle influer sur la marche de l'univers ? Quelle règle de conduite, quelle indication sur la nature de la justice, les hommes et les sociétés peuvent-ils en retirer ? En quoi l'adoption ou le rejet de ces théories modifierait-il un état social défectueux ? En rien.

Ce sont donc de pures spéculations, sans aucun rapport avec la loi universelle.

Qu'on nous laisse tranquilles avec les crânes humains présents ici, absents là. Ils ne sont point de nature à résister éternellement à l'action de la chaleur. D'ailleurs, on les retrouvera peut-être sous les glaces des pôles après le dégel, ou sous les Océans, quand leurs eaux couvriront d'autres espaces. Quant aux couches sédimentaires, tantôt ici et tantôt là, aujourd'hui neptuniennes et demain plutonniennes, elles ont vécu et elles reposent : c'est leur manière d'être.

Depuis des centaines de siècles historiques l'organisation céleste n'a pas varié d'une seconde. Dans les phénomènes ou causes, les effets se sont succédés dans l'ordre le plus parfait, tels qu'on les observe aujourd'hui. La nature, Ciel et Terre, a toujours paru admirable. De tous temps les hommes en ont célébré la magnificence. L'expérience accumulée du genre humain tout entier ne fournit pas un seul argument contre ces affirmations.

Le Soleil, comme la Vie, est le mystère.

Les savants reconnaissent que « il est le moteur pre-
« mier de toute l'énergie développée dans les phénomè-
« nes mécaniques, chimiques ou vitaux. Supprimez ses
« rayons, même un mois seulement, et la terre périrait :
« toute vie cesserait à sa surface. » (Young : *le Soleil.*)

C'est là la seule connaisance positive — parce qu'elle est expérimentale — que la science ait conquise, relativement au Soleil. Dès qu'elle entreprend d'en pénétrer la nature, la bataille des opinions divergentes et des théories hypothétiques recommence entre les savants, prouvant ainsi que, sur ce sujet, ils ne connaissent rien de plus que ce qu'enseigne l'expérience.

Exemples :

« Il n'y a rien, dans l'aspect du Soleil, qui puisse nous donner des indications sur sa distance réelle, et par conséquent, jusqu'à ce qu'elle soit connue, nous ne pouvons tirer aucune conclusion relativement à ses véritables dimensions. »

« Il n'y a absolument rien dans ce mouvement (le mouvement de rotation de la Terre) qui puisse nous indiquer s'il est dû à un mouvement réel du Soleil autour de la Terre, ou de la Terre autour du Soleil. »

« Quelle peut être la cause des apparences que présentent les taches ; *c'est ce que nous ne pouvons dire maintenant.* »

La chaleur que nous ressentons ici, réglée en moyenne sur ses intermittences d'intensité et de durée quotidiennes, est très modérée, puisqu'elle ne dépasse pas 12° centigrades. Sous les tropiques, en de certaines conditions *exclusivement terrestres*, elle atteint en moyenne environ 30°. Ces quantités intensives sont les plus propres à la formation et au développement des êtres. Les astronomes n'ont pas hésité à estimer, d'après ces types, la température probable de la superficie solaire ; mais quelles divergences dans leurs estimations !

« Secchi a soutenu autrefois qu'il existait une température de 18, 000. 000° Fahr. ; plus tard il a diminué cette estimation jusqu'à environ 250.000° :

Ericson met le chiffre à 4 ou 5.000.000°, Zöellner, Spoerer et Lane citent des températures qui vont de 30.000° à 100.000° Fahr.

Rosetti, à 18.000° Fahr. ;

Tandis que Pouillet, Vicaire et Deville ont proposé les chiffres de 3.000° et 10.000° Fahr. » (Young : *le Soleil*)

La chromosphère et les protubérances sont des découvertes de date récente. Les mêmes divergences sur leur nature se sont produites entre les astronomes.

Les uns les ont prises pour des montagnes solaires ; les autres pour des flammes solaires, pour des nuages flottants, pour des illusions optiques, pour des productions de la Lune dans son passage sur le Soleil ; enfin, pour des phénomènes de l'atmosphère solaire, « *analogues à bien des égards à nos nuages terrestres.* »

Quant à l'aspect de la surface solaire chaque astronome le voit d'un œil particulier :

« Les grains et nodules sont connus depuis bien des années et bien des observateurs les ont décrits, mais avec certaines *différences* bien embarrassantes. » (Young.)

On les a vus :

« Sous l'aspect de masses irrégulièrement arrondies de plusieurs centaines de lieues faisant à peu près le même effet que des *flocons de neige* disséminés sur une étoffe grisâtre (Langley) »

« En 1861, Nasmith les représentait comme ayant la forme de *feuilles de saule.* »

« M. Dawes nia absolument l'existence de ces formes. »

« MM. Stone et Secchi leur assignaient des dimensions bien inférieures et les comparaient à des *grains de riz.* »

« M. Huggins n'est tout à fait d'accord ni avec l'un ni avec l'autre : il les représente comme des *cailloux blancs.*

semés sur une surface et symétriquement disposés. »

« M. Young les voit sous forme de *longs filaments* ressemblant à des *brins de paille* parallèles entre eux, présentant l'apparence du *chaume*. »

« La cause de la répartition des taches par zônes *n'est pas connue....* La cause des mouvements particuliers de la surface solaire *n'est pas connue...* Si l'on considère *l'incertitude* de ce que nous savons sur la durée véritable de la rotation du soleil, *les preuves ne sont pas suffisantes pour l'établir....* Il n'y a pas dans la physique solaire de question plus intéressante ou plus importante que celle qui a rapport à la durée des taches ; mais *on n'y a pas trouvé encore de solution satisfaisante.... Il est difficile d'imaginer* une théorie satisfaisante pour expliquer cet effet des troubles solaires sur notre magnétisme terrestre. »

Des astronomes ont dit que les taches sont des *corps planétaires* tournant autour du soleil : pour Galilée, ce sont des *nuages flottants* dans l'atmosphère solaire :

Pour Durham, ces nuages sont des *éruptions de volcans solaires;*

Capocci et Peters sont pour Durham ; Kirchoff semble s'être rangé à l'avis de Galilée ; Wilson et tous les observateurs jusqu'ici ont soutenu que l'ombre d'une tache était située à des centaines de milles *au-dessous* du niveau de la photosphère ; Lalande soutient, au contraire, « qu'elles sont le sommet des montages solaires se projetant *au-dessus* de la surface lumineuse : des îles dans l'océan de feu. »

William Herschell attribue les taches aux déchirures produites par des *éruptions volcaniques* dans les diverses couches atmosphériques de l'enveloppe solaire ;

Son fils John dit « que ce sont de grands *tourbillons orageux* perçant la photosphère et les nuages ;

Faye et Secchi « proposèrent en 1868, chacun de leur côté, que les taches sont des ouvertures de la photosphère à travers lesquelles les gaz intérieurs se précipitent au dehors. »

Zöllner a dit que les taches sont des espèces de *scories* sur une masse de métaux liquides :

Aujourd'hui. M. Faye suppose que ce sont des orages, des remous, des cyclones. des tourbillons solaires, *pareils à ceux de l'atmosphère terrestre*, et M. Secchi, que ce sont des nuages épais de produits éruptifs.

« Quant à des changements progressifs dans la quantité de la chaleur solaire, on peut dire *qu'il n'y a point de preuves de quelque chose de la sorte... »*

« *Il n'y a point encore de témoignage évident* que le soleil soit réellement en train de se contracter » (produisant ainsi sa chaleur).

« A ces questions : comment une telle chaleur se maintient-elle? Combien de temps a-t-elle duré déjà? Combien de temps doit-elle encore continuer? Y a-t-il quelques signes soit d'augmentation, soit de diminution?... *Nous ne pouvons faire que des réponses vagues et peu satisfaisantes.* »

« Bien qu'il ne soit pas possible de démontrer que la principale portion de la masse solaire est gazeuse... »

« Quant au mécanisme de la chromosphère et des protubérances, *il reste certainement beaucoup à apprendre...* Ce qui est aussi *très embarrassant*, c'est le fait indubitable que des nuages de cette substance, des proéminences, s'assemblent quelquefois et se forment sans aucune liaison apparente avec la chromosphère située au-dessous, *juste comme des nuages se forment dans notre propre atmosphère par la condensation de vapeurs invisibles.* » (Young : *le Soleil.*)

Prenez, les uns après les autres, tous les ouvrages qui traitent de l'astronomie et vous verrez que leurs auteurs soutiennent avec acharnement, les uns contre les autres, que le Soleil est :

Solide.	W. Herschell ;
Liquide..	Zöllner ;
Gazeux.	Young ;
Pâteux.	Maxwell ;
Solide et liquide.	
Solide et gazeux.	Faye ;
Liquide et gazeux.. . . .	
Pâteux et liquide.	
Solide, liquide et gazeux. .	H. Spencer.
Etc., etc.	

D'où la conséquence qu'il est tout aussi raisonnable de penser que le Soleil n'est composé ni de l'une ni de l'autre de ces matières et qu'il n'est rien de plus, peut-être, qu'un reflet.

L'expérience nous enseigne tous les jours la vanité des certitudes que nous croyons acquérir par la vue seule. Ce sens admirable semble nous avoir été donné pour nous dissimuler la connaissance réelle, pour nous donner des illusions. Nous croyons voir tourner le Soleil et il est immobile; nous sommes pénétrés par tous nos sens de la réalité que la Terre est immobile, et elle se meut en tous sens vertigineusement. Le disque de la Lune nous paraît plus grand à l'horizon dans son éloignement maximum qu'au sommet du Ciel.

Pour rectifier ces erreurs, nous faisons intervenir le raisonnement, les spéculations de la pensée : mais qui nous dira si la pensée et le raisonnement ne sont pas d'autres illusions? Quand sur la Terre même, le volume d'un foyer de lumière nous paraît augmenter à proportion de son éloignement et que l'espace qui nous en sépare semble ne pas exister; quand une solive couchée nous paraît moins longue que si nous la voyons debout; quand un disque blanc tracé à côté d'un disque noir nous paraît plus grand que celui-ci, bien qu'ils aient des diamètres égaux; quand véhiculés, sur un bateau rapide, nous voyons s'enfuir les rivages, la nature nous avertit que la vue ne nous enseigne rien quand elle n'est pas complétée par une expérience tangible. Quelle expérience nous apprendra si la chaleur et la lumière viennent du Soleil ou si elles sont formées dans l'atmosphère? Que celle-ci disparaisse, et l'obscurité, le froid des espaces interstellaires lui succéderait aussitôt. Plus nous nous rapprochons du Soleil, moins la chaleur est ardente, moins les rayons lumineux sont intenses. Quel être humain s'est vu couronné par l'arc-en-ciel ?

Le 23 juillet 1886, sur la côte de Guatemala à Acapulco, j'ai vu ce spectacle :

Une haute montagne élevant son faîte sombre sur un ciel nuancé de mille couleurs. A mi-plan un grand lac, rempli d'or liquide, dont le niveau était maintenu par une ceinture de roches noires énormes. Par une échancrure, le trop plein s'en échappait, en formant une courbe gracieuse. et se précipitait au pied des rochers d'où s'élevaient des tourbillons de vapeurs diaphanes. Puis le fleuve d'or descendait en dessinant des méandres à travers des oasis touffus, semés dans la plaine, et se perdait dans la mer bleue. Au couchant du lac, une verte prairie, sur laquelle se détachait un village et son église, et, au loin, un troupeau de moutons épars qui paissaient.

D'un côté, encadrant ce tableau. des nuages noirs où l'on pressentait la tempète ; d'un autre, un amoncellement de cirrus aussi blancs que la neige, avec des bordures dentelées. et au milieu duquel un foyer rouge, intense, pareil à un cratère. se révélait par des fissures : véritable montagne de *neige en feu !*

Les moutons, la prairie. les arbres, l'église et les maisons étaient représentés en d'exactes proportions, avec leurs couleurs naturelles respectives, rehaussées de reflets incomparables que je ne puis décrire.

En pleine mer, il semblait que nous longions la côte à 500 mètres de distance et que bientôt nous allions abor-

der ce paysage enchanté, sous lequel venait de disparai-
tre le soleil couchant.

M. H. Spencer termine un essai sur la constitution du
Soleil par la phrase suivante :

« Il faut prendre toutes ces idées comme une pure spéculation, et il en est ainsi de toutes celles qu'on répand
aujourd'hui concernant la structure du Soleil. »

Toutes ces théories, bien que magnifiquement dévelop-
pées, laissent le jugement dans l'incertitude et l'esprit
non satisfait ; elles donnent la conviction que les savants
ne connaissent pas plus la nature du soleil que le dernier des paysans.

La chaleur et la lumière nous *semblent* émaner du Soleil.
Nous en jugeons ainsi par notre vue seule, par un sens, par
un organe qui, isolé, est incapable d'affirmer la connaissance.
La connaissance est un effet qui, comme tous les effets, ne
peut se produire sans le concours de deux facteurs. La vue
sans le toucher effectif ou possible est un mouvement physique correspondant, dans l'ordre mental, à l'imagination
vagabonde qui rapporte tout, pêle-mêle, et rien qui vaille,
quand ce tout n'est pas discuté par la mémoire et la réflexion, facteurs du jugement. Or, l'expérience ne s'exerce que
sur les choses accessibles. Si tous les êtres étaient nés
aveugles, ils n'eussent jamais imaginé que la chaleur vient
du Soleil.

Si la chaleur et la lumière résident dans le Soleil, c'est
qu'il est matière : car la chaleur est inséparable de la
matière et de l'atmosphère ; c'est qu'il produit l'une et

l'autre et qu'il a besoin, pour lui-même, de chaleur et de lumière; mais alors on ne comprend plus pourquoi il est chargé d'en fournir à la Terre et aux planètes les quantités dont elles ont besoin, contrairement à toute conception de justice humaine.

S'il est un astre, comme tous les astres, une masse de matière, *comme la Terre*, pourquoi a-t-il la propriété d'engendrer lui-même sa chaleur, une chaleur dont il n'a pas besoin, une chaleur exagérée et inutile, qui semble n'être fabriquée en lui que pour la seule utilité des planètes? Et pourquoi la Terre, si elle est un astre, une masse de matière *comme le soleil;* si elle a dans ses flancs de la chaleur *comme le soleil;* si elle est enveloppée d'une atmosphère *comme le soleil;* si elle ressemble au soleil: pourquoi, pour la chaleur et la lumière, serait-elle tributaire du soleil? Pourquoi, si elle est outillée comme le soleil, ne fabriquerait-elle pas sa lumière et sa chaleur *comme le soleil?*

Si la Terre est un vieux soleil, dont la chaleur et la lumière sont éteintes, cette circonstance n'implique pas qu'elle doive recevoir aujourd'hui, du dehors, des éléments indispensables, qu'autrefois elle possédait en excès. Si le Soleil est un jeune astre, en voie d'intégration, producteur de chaleur et de lumière, cela ne prouve pas que sa fabrication n'ait d'autre raison d'être que l'utilité qu'en retirent les planètes.

La Lune reflète la lumière du Soleil; une moitié de la Terre s'illumine dès qu'elle est en vue du Soleil; mais cela ne prouve pas absolument que la lumière et la chaleur résultant de ce contact visuel, qu'aucun obstacle n'intercepte, soient apportées par le disque que nous voyons. Car, si ce disque est lumineux, pourquoi ses rayons, pour arriver à nous, laissent-ils intact, obscur et froid le vaste espace qui nous sépare de leur origine ? La lumière et la chaleur n'apparaissent que là où commence l'atmosphère : c'est un fait expérimentalement connu et une preuve patente que l'atmosphère est un facteur de la chaleur.

Si le Soleil est un agrégat de matière, un astre pareil aux autres astres, il doit subir la loi que subissent les autres ; car il n'y a qu'une loi : il aura donc ses mouvements propres de rotation, d'écliptique et d'orbite : la chaleur et la lumière lui viendront du dehors, en excès, inutilement pour lui, uniquement pour nous la transmettre ; il sera sous la dépendance de soleils plus puissants, et ainsi nous substituerons à un absolu donné, à un inconnaissable vu et affirmé par nos sens, un autre inconnaissable imaginé. Nous compliquerons l'organisation universelle de rouages superflus et nous ne ferons que reculer le problème et rendre le mystère plus impénétrable. De soleils en soleils, de plus en plus tout puissants, nous en arriverons à un Soleil infini, ce qui est certainement absurde, si le Soleil est matière, et très compréhensible, s'il est dans l'espace un point immatériel, un regard invisible, vers lequel converge et se reflète à travers leurs atmosphères, le produit du travail des astres.

Les philosophes et les sociologistes de nos jours ont la prétention d'avoir découvert la Loi universelle dans l'ordre de choses qui résulte de la Nébuleuse et de l'Évolution, c'est-à-dire dans le système qui attribue un com-

mencement et une fin à toutes choses. C'est la négation
de l'Absolu et, par suite, du Relatif. Et comme cette Loi
universelle doit régir les actions, les êtres et les choses,
ils en infèrent que tout est pour le mieux : la Terre, le
genre humain et les empires ont commencé et devront
finir. Ils nous apportent cette maigre consolation, en attendant, que nous serons heureux si nous nous *adaptons* à
des institutions basées sur cette Loi ; c'est-à-dire à quelques entités majestueuses et immobiles dans la sérénité
de leurs jouissances, sans autre devoir, pour elles, que
celui de mesurer au plus grand nombre les produits du
travail et le salaire, le labeur et la misère.

La Nébuleuse et l'Évolution, le Soleil exclusivement
chaleur et lumière, mobile et fabriquant ces produits, seraient la justification de toutes les injustices : quand
la Terre, par son travail, se couvre de végétation luxu-
riante, est-ce le Soleil qui en profite? Quand les bêtes et
les espèces se multiplient librement, rapportent-elles au
Soleil un bénéfice?

Non. Le Soleil apparent ne récolte rien parce qu'il ne
fait rien. Il n'a besoin de rien parce qu'il n'est pas matière et que la matière seule a des besoins. Est-ce que ma
pensée a besoin de nourriture qui ne soit à sa portée? Le
Soleil n'a pas le droit de s'attribuer les produits du travail de la Terre, parce que ces éléments ne sont pas à
lui. Le Soleil, enfin, — que nous voyons — n'existe que
par le travail de la Terre.

Les satellites et les planètes, la Terre et les étoiles,
chaque astre travaille, par ses mouvements, à la formation de son soleil. La chaleur et la lumière étant insépa-

rables de l'atmosphère, en tant que matière, la quantité
produite est mesurée, réglée, corrélative de la matière.
La nécessité de celle-ci crée l'émission de celles-là. En
d'autres termes : la Terre n'a que la chaleur qu'elle prépare, la quantité dont elle a besoin et qui est invariable.
Son mécanisme producteur est inaltérable. Et ce sont des
contes à dormir debout que l'énorme émission de la chaleur solaire en pure perte.

L'expérience et la raison nous enseignent que
le Soleil apparent n'est ni chaleur ni lumière ; mais
si nous avons pu nous tromper sur l'apparence de ce
point calorique et lumineux, comment pouvons-nous affirmer, sans la voir ni la toucher, que sa structure est matérielle? Si le Soleil n'est pas matière, il ne peut occuper
un point quelconque dans l'espace. Cependant *il est*. Nous
ne pouvons douter qu'il est le facteur actif des mouvements, des changements qui s'opèrent dans les choses :
de la croissance, de la vie, de la pensée des êtres. Nous
ne pouvons douter que, en dehors de la matière inerte,
palpable et pondérable, il existe une autre substance invisible, insaisissable, active, qui tantôt pénètre les choses,
les êtres et les anime, tantôt les abandonne et les laisse
en repos. Nous ne pouvons douter que cette *Force* immobile agit sur la matière, et que la matière obéit. Elle
obéit, dans son ensemble, par une action continue, par
un mouvement éternel ; dans ses parties par des mouvements successifs, graduels, accidentels. Nous mesurons
l'action subie des corps par la quantité de *force* qui les
étreint et par l'intensité des mouvements que cette force
provoque en leur structure ; nous mesurons cette action

sur nous par la nature et l'intensité des sensations qu'elle nous fait subir.

C'est-à-dire que, quelle que soit la perfection de notre expérience et de notre intelligence, ces facultés ne s'exercent, n'ont pour objectif que deux bases substantielles, deux quantités distinctes, parce que l'univers entier, dans son ensemble et dans ses parties, n'est composé, en dernière analyse, que de ces deux substances, de ces deux quantités ; parce que nous-mêmes, phénomènes ou parties de cet univers, nous ne sommes organisés, nous n'avons des instruments que pour connaître ces deux quantités :

L'une intensive, active,

L'autre extensive, inerte.

Et c'est la relation éternelle entre ces deux facteurs inséparables de l'univers qui constituent

le mouvement
  et   éternels, synonymes de *présent :* c'est-à-
la vie

dire *La Loi universelle*.

Or, l'expérience la plus vulgaire enseigne à l'homme, savant ou simple, que la totalité de la substance intensive semble résider dans le Soleil apparent, et que la totalité de la substance extensive est contenue dans la matière ; d'où la conséquence inéluctable que *la loi universelle* serait le résultat de la relation éternelle, continue,

présente entre ces deux facteurs :   le Soleil
                                          et   ; c'est-
                                      la Matière

                  la Force immobile, qui commande
à-dire entre   et
                  l'Inertie, se mouvant, qui obéit.

Le Soleil et la Terre, en ce qui nous concerne et nous intéresse, sont les facteurs constituants de notre Univers, notre substance absolue.

Nous n'avons aucune preuve absolument positive de l'existence d'une autre chaleur et d'une autre lumière que celles que nous sentons, mesurons et voyons émaner de cette dualité, dont les facteurs sont inséparables; de même que, en dehors de la Terre, nous ne savons pas positivement, et cette connaissance ne nous importe en rien, qu'il existe d'autre matière. Ce que nous savons de la nature de la Lune, des Planètes et des Astres est exactement fondé sur des hypothèses, comme ce que nous savons de la nature du Soleil. Que si ce sont des individualités, des corps matériels semblables à la Terre, ce qui est très probable, ils obéissent à la Loi unique de l'Univers, d'une façon indépendante et invariable.

Cette circonstance n'infirmerait en rien la valeur de ma démonstration tendant

          à l'Unité de la Force
                et
          à l'Unité de la Matière.

Enfin, en faisant abstraction de toutes les théories scientifiques sur la structure et la nature du Soleil, lesquelles, nous l'avons vu, ne reposent que sur des hypothèses divergentes ; en n'acceptant que l'opinion sur laquelle l'humanité toute entière, passée et présente, fut et est d'accord sans exception, il nous reste simplement,

pour tout *acquis*, cette unique et incontestable connaissance que le Soleil apparent est composé de deux facteurs : { la Chaleur
et
la Lumière.

Que si maintenant nous considérons la Terre au point
de vue exclusif de l'expérience, qu'est-ce que nous y ren-
controns ?

Le savant le plus éclairé ainsi que l'homme le plus
vulgaire reconnaissent que ce corps, dans son ensemble,
se présente immuablement sous trois états : solide, liquide
et gazeux.

Mais l'état gazeux n'est autre que l'atmosphère, et
qu'est-ce que l'atmosphère ?

La science et l'expérience répondent : un fluide invisible composé de gaz qui, quelques légers qu'ils soient,
ont des poids spécifiques, c'est-à-dire qu'ils *sont* ou qu'ils
renferment de la matière dans un état de dilution ou de
fluidité extrême. D'où vient cette matière ? Est-elle une
projection du Soleil, à travers l'espace obscur et froid ?
Quelqu'un en a-t-il pesé les rayons ? Est-elle un reliquat
de la prétendue nébuleuse ou une intégration tardive du
fameux éther ? Si la chaleur n'est pas une étendue, comment peut-elle onduler, dans un espace froid et vide ? Si
elle est une étendue, comment ne s'y dissipe-t-elle pas
comment ne s'épuise-t-elle pas dans le corps qui en est
la source ? Si la chaleur et l'éther sont quelque chose
s'intégrant pendant un passé sans commencement, pourquoi
n'ont-ils pas terminé cette opération ? Pourquoi la Terre,
dans ses mouvements, n'en parut-elle jamais affectée ?

Aussi longtemps que la science n'aura pas répondu à ces questions autrement que par des hypothèses ingénieuses, il n'y aura pas de connaissance.

Qu'est-ce que l'expérience enseigne, relativement à l'atmosphère, au plus vulgaire des paysans? Que les vents renversent quelquefois ses arbres et sa chaumière; que la pluie, qui féconde ses semences et la grêle qui dévaste ses récoltes, semblent tomber des vastes régions qu'elle occupe ; que ces phénomènes merveilleux se produisent surtout après que ces régions ont été sillonnées par des éclairs auxquels succède le tonnerre. Sous l'influence de ces énergies mystérieuses, le calme atmosphérique engendre la tempête : dans la sérénité éthérée du ciel bleu se forment les nuages compacts et noirs; ce qui était transparent et dilué devient opaque et concret, et des avalanches de pluie, de grêle, quelquefois même de métaux conglomérés succèdent aux avalanches de vents.

En dehors des abstractions scientifiques et des théories hypothétiques, inaccessibles à son intelligence, que reste-t-il au paysan de ces faits communs, naturels et quotidiens dont il puisse, expérimentalement, déduire le principe et la nature? Évidemment que si l'atmosphère pèse, elle est matière ; que si elle est composée de gaz, la matière, extrêmement diluée, réside dans ces gaz; que si deux de ces gaz : l'hydrogène et l'oxigène sont les facteurs de l'Eau, les autres, l'azote et le carbone sont, dans l'atmosphère, les facteurs de la Matière. Il en résulterait donc que l'Atmosphère est la synthèse d'un enchaînement de facteurs dualitaires :

$$\left.\begin{array}{l}\left.\begin{array}{l}\text{l'Hydrogène} \\ \text{et} \\ \text{l'Oxygène}\end{array}\right\} = \text{Eau} \\ \left.\begin{array}{l}\text{l'Azote} \\ \text{et} \\ \text{le Carbone}\end{array}\right\} = \text{Matière}\end{array}\right\} = \text{Atmosphère.}$$

L'hydrogène et l'oxygène seraient les véhicules de certains matériaux, métalliques probablement, qui donneraient naissance, sous l'influence de ce que nous appelons les rayons caloriques, à l'une des deux électricités ; l'azote et le carbone seraient les véhicules et la source de l'autre électricité. Sous le regard du Soleil, ces deux électricités différentes, que nous appelons positive et négative, incapables d'agir isolément, auraient pour fonction de séparer les éléments épars, d'abord, dans le chaos atmosphérique. La rencontre des deux électricités, c'est-à-dire le contact des matériaux gazéiformes qui constituent l'Atmosphère, aurait pour effet de former et précipiter l'eau pesante. Dans ce mariage gigantesque de deux éléments, il y a toujours un vainqueur qui commande et un vaincu qui obéit. C'est pourquoi, sans être bien assuré de mon affaire, j'attribue au premier la force positive et au second la force négative. Il appartient aux savants de déterminer ces propriétés respectives, sans influence sur ma démonstration.

Quoi qu'il en soit, l'eau dense se précipite et roule pour obéir à une fonction mécanique sans laquelle la vie des êtres et le mouvement des choses n'existeraient pas.

Rien donc n'est plus certain que la matière, véhiculée

dans l'atmosphère, vient de la Terre; mais d'où vient le véhicule, d'où vient l'atmosphère ? Évidemment de la même source. Ne constatons-nous pas, tous les jours de notre vie, par tous nos sens, que rien d'étendu ne peut s'échapper de la Terre ; que sur les hauteurs, l'atmosphère se raréfie; qu'au-delà elle disparait; qu'avec tous nos moyens scientifiques, notre raison et notre ingéniosité, l'espace, alors, devient infranchissable ?

Si rien de ce qui existe sur la Terre ne peut s'en éloigner, n'est-ce pas une indication, une preuve formelle que rien de ce qui n'y est pas ne peut y parvenir ? L'atmosphère est un produit de la matière, l'un des facteurs de sa dualité nécessaire :

Matière fluide
et
Matière solide.

Il n'est pas un corps, dans la nature, qui ne soit capable, sous l'action d'une « *force* » de revêtir ces formes extrêmes. Les savants mêmes l'affirment tous les jours. La matière, sous une forme ou sous une autre, est implacablement condamnée à la relégation sur la Terre.

D'ailleurs, les observations quotidiennes les plus vulgaires nous enseignent non seulement son origine, mais encore le mécanisme de sa formation.

En effet, comment agit et se meut l'atmosphère dans l'espace incommensurable qu'elle occupe ? On dirait la femelle impétueuse recherchant les caresses du bien-aimé. C'est pourquoi l'Équateur est la région des cyclones et des tempêtes, de l'électricité et du tonnerre. Cette femelle semble n'avoir que deux organes : l'amour et l'équilibre. Des régions tempérées, elle roule vers les

tropiques ses masses condensées, que la chaleur dilate et
raréfie. Les régions polaires, où rien ne vit, doivent présenter le calme et le silence. Il faut que l'atmosphère passe,
s'amoncelle et se dilate dans ces régions où le Soleil la
féconde. Pour arriver à son but, elle renverse, enlève et
déracine. Rien ne peut s'opposer à son désir impétueux
d'amour et d'obéissance. Ainsi, dans nos mariages humains,
le rapprochement des sexes, isolément impuissants, engendre la perpétuité des espèces : Le *nous ne savons
quoi*, qui est dans la dualité des sexes, entraîne irrésisti-
blement leur union, par suite de la même loi qui fait se
rechercher la chaleur et l'atmosphère : s'unir et cristalliser les molécules chimiques ; s'embraser les deux facteurs
de l'électricité ; se solidifier la chaleur et la matière en un
corps organique. Il semble n'y avoir qu'une loi dualitaire à laquelle tout obéit :
$\begin{cases} \text{Vivre,} \\ \text{Aimer} \end{cases}$ c-à-d : $\begin{cases} \text{Travailler,} \\ \text{Se reproduire.} \end{cases}$

Or, quel est l'effet résultant, de constatation rigoureu-
sement expérimentale, de cet accouplement de la chaleur et de l'atmosphère? Qu'est-ce qu'engendrent ces
deux éléments conjugués? Que nous vient-il de l'espace
impondérable qui *semble* nous dominer? De l'Eau.

De l'eau, et quelquefois sous forme de bolide, de la matière (1).

---

(1) On lisait dans la « *France* » du 28 juillet : M. Gaston Tissandier, par
l'intermédiaire de M. Daubrée, a présenté à l'Académie un morceau de
pierre trouvé dans un grêlon, ramassé par hasard en plein orage, par
M. Sudre, professeur au collége de Tarbes. Le morceau avait 13 m/m. de
long sur 5 m/m. d'épaisseur. »

Ainsi, cet élément invisible qui flottait dans l'espace comme un être animé, se convertit, se transforme en un corps palpable et pesant qui circulera sur la Terre. Aussi longtemps qu'il restera dans les étreintes du Soleil, il ne cessera de s'agiter en mille mouvements successifs et gradués de dilatation et de contraction, de circulation et de vaporisation ; enfin si le regard solaire l'abandonne, il se reposera dans un sommeil paisible. Plus de murmures sur les cailloux des rives, ni de chutes retentissantes ni de vagues écumantes. Son corps rigide et froid, exempt de toute matière visible, reflète, en cette nouvelle métamorphose, une blancheur immaculée à laquelle rien, dans la Nature, ne saurait être comparé. Le diamant est plus brillant, mais il n'est pas plus pur. Il semble être une solidification de lumière, et la glace, une solidification de chaleur. Rien ne démontre mieux que la chaleur agit en collaboration avec l'atmosphère, d'où résulte le mouvement. Où l'atmosphère est absente il n'y a ni mouvement ni chaleur : elle est donc un facteur inséparable de la chaleur et, comburante, une chaleur même.

Si l'atmosphère semble être la femelle du Soleil, l'eau, son dérivé, semble être le mâle de la Terre. Elle harcèle la grande et inerte paresseuse, la viole et la pénètre jusque dans les profondeurs inconnues, la dilate et la désagrège, la force à se mouvoir, à se combiner, à se cristalliser et à se gazéifier. Il lui faudra des siècles pour conquérir la jouissance d'une fécondation ; mais rien, dans le temps, ne pourra rebuter son effort. Il faut que la matière succombe. Sa liquidité pesante, sa fluidité ténue traverseront le rocher, pénétreront dans les métaux. Elle est le véhicule comburant, la chaleur dénaturée. qui porte la chaleur dans les profondeurs terrestres ; elle est l'hydrogène et l'oxygène purs condensés, dont la fonction est de se dédoubler dans la matière solide, pour s'en saturer, pour renouveler la provision de magnétisme, d'électricité, de matière gazéiforme que la vie organique dépense et solidifie à la surface terrestre ; l'eau est la grande pourvoyeuse de l'atmosphère.

Ses fonctions, dans l'organisme universel, ressemblent à celles du sang et de la sève dans l'organisme phénoménal : elle triture, recueille et charrie la nutrition que les êtres consomment. Toutes les matières et tous les métaux sont représentés dans la région atmosphérique ; le spectroscope et les bolides en font foi. Il y a un échange incessant entre l'intérieur et l'extérieur de la Terre par l'intermédiaire de l'eau. et dont l'atmosphère est le produit. La matière, sous sa forme solide, est en quelque sorte le protoplasma de la Terre ; l'eau est son sang, les métaux sont ses nerfs. l'atmosphère, son cerveau ; le Soleil est son âme ; le mouvement et la vie sont la résultante de cette individualité éternelle : c'est-à-dire sont la loi universelle.

Quand parmi les Anciens les uns attribuaient au Feu le principe de toutes les existences et la cause de tous les changements ; quand les autres affirmaient que cette force était dans l'air, et que d'autres encore la reconnaissaient dans l'eau ou dans la matière : ces opinions, en apparence si contradictoires, étaient l'expression d'une vérité unique ; car ces éléments sont les rouages d'un

mécanisme sans fin ; des facteurs s'engendrant réciproquement et concourant, en tant que cause, à la production de l'effet ; en tant que substance, à la production du
phénomène ; en tant que nature absolue, à la production
de la nature relative.

C'est toujours, en dernier résultat :

la quantité intensive agissant (Force).

sur

la quantité extensive subissant (Inertie).

En résumé, la matière est, en dernière analyse, réduc-
tible en deux états irréductibles : la matière fluide
et
la matière solide.

L'eau est un dérivé de la première.
L'atmosphère et la chaleur sont un seul et même produit issu des mêmes facteurs terrestres.

$$\text{L'Atmosphère} = \begin{cases} \text{Eau} = \begin{cases} \text{Oxigène} \\ \text{et} \\ \text{hydrogène} \end{cases} \text{dégagent une élec-tricité} \\ \text{et} \\ \text{Matière} = \begin{cases} \text{Azote} \\ \text{et} \\ \text{Carbone} \end{cases} \text{dégagent une élec-tricité} \end{cases} = \text{Chaleur.}$$

Les facteurs de la Loi universelle seraient :

$$\begin{cases} \text{Chaleur} \\ \text{et} \\ \text{Lumière} \\ \text{Atmosphère} \\ \text{(matière fluide)} \\ \text{Matière solide} \end{cases} \begin{cases} \text{Soleil} \\ \\ \text{Terre} \end{cases} \text{Loi universelle ; c'est-à-dire : Mouvement, Vie, Être, Absolu, Substance, etc}$$

§ II. — *Les facteurs de la Loi universelle dans les phénomènes.*

Quand les philosophes n'ont pu découvrir le principe d'un phénomène ou d'une cause, sans cependant pouvoir en nier la réalité, ils ont simplement déclaré que la connaissance n'en était accessible que *a priori*. C'est ainsi que la causalité, la relation fonctionnelle entre le phénomène-cause et le phénomène-effet qui en dérive, est restée, jusqu'ici, comme une espèce de mystère naturel. On voit, on palpe, on mesure le changement produit dans les choses. et de cette expérience on devrait conclure simplement qu'une force l'a produit; mais ce bon sens serait accessible à trop d'intelligences; la science paraîtrait trop vulgaire: c'est pourquoi les philosophes allemands ont imaginé la prétendue connaissance *a priori*, véritable critérium de la vanité et de l'impuissance du raisonnement. qui les a rendus à peu près incompréhensibles. L'*a priori* est une pensée vagabonde. un synonyme de l'hypothèse: c'est-à-dire une façon commode de confesser qu'on ne trouve pas la solution cherchée.

Schopenhauer revient sans cesse à ces affirmations : « l'homme ne peut réellement connaître que par l'expérience : l'expérience vérifie partout la loi certaine *a priori* ; la connaissance *a priori* est de nulle valeur sans la confirmation de l'expérience : » il est clair, alors, que l'*a priori*, en tant que connaissance, est le résultat de l'expérience pure.

La cause en général, dit le même auteur est « la modification qui rend nécessaire la modification conséquente. Jamais aucune cause au monde ne tire son effet entièrement d'elle-même, c'est-à-dire ne le crée *ex nihilo*. »

Il voit que chaque effet est la résultante de deux facteurs : « un intérieur et un extérieur » ; mais il ne recherche pas la nature de ces deux facteurs et surtout celle du facteur extérieur qu'il semble même abandonner ou méconnaître dans ces lignes :

« L'énergie naturelle et originelle de la matière, sur laquelle agit la force en question, oblige cette énergie à se déterminer. »

C'est du galimatias.

On ne comprend pas une énergie sur laquelle une force *agit* ; qu'une énergie qui *subit* puisse obliger une autre énergie à se déterminer. On ne comprend pas qu'une énergie puisse, en même temps, *subir* et *agir*.

Le principe de causalité, qui régit les modifications des êtres et des choses, se présenterait, d'après le même philosophe, sous trois aspects correspondant à la triple division des corps :

1° Corps inorganiques.
2° Plantes.
3° Animaux, à savoir :

1° *La causation* (des corps inorganiques) :
2° *L'excitation* (des plantes) :
3° *La motivation* (des animaux).

Il est facile de remarquer que cette première division générale, si elle répondait véritablement à la réalité des choses, dans la relation de cause à effet, détruirait de fond en comble le postulat si accepté de l'unité de loi qui régit l'univers. Si les corps inorganiques étaient régis par la causation, les plantes, par l'excitation, et les animaux, par la motivation, il s'ensuivrait trois lois différentes concourant, sur une matière unique, à la production d'un même effet : le mouvement. Ensuite, nous pouvons bien comprendre que les plantes agissent à la suite d'une excitation, et les animaux, dont l'homme, selon des motifs ; mais ces motifs qui les provoqua ? D'où viennent-ils ? Quelle est leur origine ? Ne sont-ils pas des effets d'excitations primitives ? Un âne se détourne de sa route pour cueillir un chardon ; son conducteur se détourne d'un autre côté pour cueillir une fleur ; tous les deux produisent un mouvement-effet qui a pour cause la même excitation de jouissance : le désir individuel de se conserver, de satisfaire à un caprice ou à un besoin. Donc les mouvements de la bête et de l'homme, comme ceux de la la plante, sont des effets qui ont pour cause initiale l'excitation et pour but unique la nécessité de vivre ou jouir.

Il en est de même de la causation des corps inorganiques, qui tantôt sont en mouvement et tantôt en repos : ils ne se meuvent que par suite d'une excitation extérieure. Si cette excitation résidait en eux-mêmes il n'y aurait aucune raison pour qu'elle agit d'une façon intermittente. Une pierre se désagrège, une plante se nourrit, une pensée se produit sous l'énergie d'une excitation extérieure. Et toutes ces excitations sont la causalité en action, la causation, *le verbe substantialisé.*

La causation, l'excitation et la motivation sont, en dernière analyse, des expressions synonymes du même concept de « *force* », d'action, d'énergie produisant un effet identique : le mouvement, soit qu'elles agissent sur un corps inorganique ou organique.

Il n'y a qu'une loi, conséquence de deux éléments-facteurs :

1º La causation (excitation, motivation, force, énergie, verbe actif :

2º La matière (inorganique ou organique), état passif.

Elle n'agit que quand les deux éléments, les deux facteurs sont combinés en de certaines proportions nécessaires : la pierre qui se désagrège aujourd'hui, restera intacte demain : l'oxydation d'un métal est suspendue par une mince couche de couleur ou de graisse : elle ne reprendra qu'avec la disparition de la couleur ou de la graisse. Un grain de blé reste intact, en un certain milieu, pendant des siècles : toute plante s'étiole et disparaît dès qu'elle n'est plus dans le milieu qui lui convient : je suis capable d'entreprendre telle action, après dîner, dont je n'avais, avant, aucune idée, aucune excitation : tous ces mouvements successifs, gradués, accidentels de la matière ont pour cause active une « *force* », une excitation, une énergie, etc. plus ou moins intense. Si elle oscille en un sens ou dans l'autre il y a ralentissement ou accélération de mouvement; si elle disparaît, il y a sommeil, mort ou repos. Tout mouvement phénoménal ou de causation commence et finit entre ces deux extrêmes : il figure et exécute tous les mouvements intermédiaires de l'évolution individuelle dont il est capable.

La plupart des savants font résider cette énergie, cette force dans la chose dont elle serait vertu et propriété intégrante. De là l'impossibilité de démontrer pourquoi la causalité n'agit pas constamment, et pourquoi, dès qu'elle agit, l'effet se produit nécessairement.

C'est un fait d'expérience quotidienne que l'Effet ne succède à la Cause qu'en de certaines conditions déterminées : c'est-à-dire accidentellement. C'est un autre fait d'expérience que l'Effet se produit avec plus ou moins d'intensité ; c'est-à-dire graduellement, et c'est un troisième fait d'expérience, qu'il se développe successivement.

(La totalité de la substance intensive)
et
(la totalité de la substance extensive,) en relation,

produisent un effet perpétuel, continu, sans cesse *présent* : l'Univers se meut et vit.

Si une fraction de la substance intensive
                        et
une fraction de la substance extensive ;

                        une quantité de force graduée
c'est-à-dire si   et
                        une quantité déterminée de matière.

entrent accidentellement en combinaison, la causalité, le mouvement et la vie du phénomène *commencent;* si la combinaison cesse, l'effet, le mouvement et la vie du phénomène *finissent.*

Ces changements de la matière apparaissent sous l'influence d'une énergie extérieure et intensive, mesure du Temps. La matière en soi est inerte, indestructible. La force graduée *impose* à la matière le mouvement et la vie. Sous son action la matière travaille ; sans cette action la matière repose.

Ce qui se meut est étendu ou pèse. Il serait absurde de penser que *ce qui n'est* ni palpable ni pondérable à un degré quelconque, comme un rayon de chaleur, par exemple, puisse évoluer dans l'espace; mais on conçoit parfaitement que cette chaleur imprime un mouvement à la matière qu'elle pénètre. La flamme qui s'élève d'un bûcher est un gaz-matière en mouvement; la lumière qui nous vient du Soleil est un regard. Pour avoir le droit d'affirmer que la chaleur et la lumière circulent, il faudrait pouvoir estimer par des *mesures extensives* la valeur d'un rayon de cha'eur et de lumière, ce qui est absurde.

Le phénomène pèse : donc la matière est l'un des facteurs du phénomène.

La matière est indestructible. On la retrouve intacte sous une forme ou sous une autre. Elle est inerte par elle-même ; c'est pourquoi elle est incapable de produire, seule, les changements successifs qui s'opèrent dans la structure du phénomène ; elle les *subit ;* elle obéit invinciblement à un élément extérieur qui la pénètre, qui force ses parties pénétrées à envahir l'espace libre sous forme de volume ou de déplacement.

La cause { force graduée et matière déterminée } engendre le mouvement, effet immédiat, qui engendre à son tour, avec la même matière, un nouveau corps. soit en lui imposant un volume qu'elle n'avait pas auparavant, sans rien y ajouter ni en soustraire (dilatation) : soit en la divisant en parties appréciables (désagrégation) ou en lui soustrayant des particules (liquidité ou fluidité).

La cause et l'effet { *sont* toujours reliés par le mouvement. de la même façon que le sujet et l'attribut d'une proposition sont reliés par un verbe. De fait. la cause est un sujet et l'effet un attribut inséparables. Si je dis : *Dieu juste :* j'émets deux concepts objectifs qui n'ont aucune signification. Ils ne signifieront quelque chose que si je les unis par un troisième concept subjectif. c'est-à-dire issu de moi-même : « *force* » ; et toute force se traduit par une action, un mouvement, un verbe et j'ai :

Dieu { est } juste

Ce dernier terme enveloppant, dans son unité, la dualité des deux concepts auparavant séparés de *Dieu* et de *juste* ; de même que la matière déterminée, cause-sujet, ne peut produire un effet-attribut sans l'expression de l'action-mouvement, issue d'une force graduée individuelle qui n'appartient pas plus à la matière que mon « moi-force », cause de mon verbe *être*, n'appartient à *Dieu* et à *juste*. La force graduée qui agit sur la matière déterminée est de même nature que la force qui est en moi. La première produit le mouvement qui est un verbe ; la seconde, le verbe qui est un mouvement.

En résumé, le Phénomène ou la Cause est le produit de deux facteurs inséparables :

Une force intensive, graduée, agissante, impondérable ; et une matière extensive, déterminée, obéissante, pesante.

De leur union résulte le mouvement et la vie momentanée des êtres et des choses ;

De leur séparation, la stabilité et la mort.

Les phénomènes et les causes parcourent infailliblement deux phases :

Un commencement \
    et   reliés par leur existence. \
Une fin

Pour nous, phénomènes nous-mêmes, ils appartiennent par la force qui les anime, au temps passé et, par leur matière indestructible, au temps à venir. Dieu seul, ou l'Absolu, a la puissance de relier { le passé et l'avenir } par le présent insaisissable.

Le Phénomène (ou Cause), appartient à l'Éternité par l'indestructibilité évidente de son facteur matière, et il appartient, en même temps, à la Durée par les variations successives et accidentelles que lui imprime son second facteur : la Force.

§ III. — *Les facteurs de { la Force graduée et de la Matière déterminée.*

Les combinaisons constantes entre les facteurs de la dualité { Soleil et Matière, } ayant pour effet { le Mouvement et la Vie, } production éternelle, présente, continue, absolue ; la cause ou phénomène étant une fraction combinée de chacune de ces quantités { intensive (Force) et extensive (Inertie), } il s'ensuit que les facteurs de la cause phénoménale sont de même nature que les facteurs de la cause absolue : c'est-à-dire qu'une fraction de { chaleur et lumière } Force, combinées à une frac-

tion de { Matière fluide (atmos.) et Matière solide } inertie, produisent

une fraction de { mouvement et Vie } phénomène.

La Cause absolue serait { active par le Soleil, totalité de la Force et passive par la Matière, totalité de l'Inertie } d'où résulterait le mouvement continu.

Les mouvements continus des masses :

1° Celui de la Terre *supposé autour* du Soleil ou du Soleil autour de la Terre ;

2° Celui de rotation de la Terre sur son axe ;

3° Celui du balancement sur l'écliptique, seraient la manifestation du mouvement absolu, d'où résulteraient, par les deux derniers qui sont *certains*, les mouvements relatifs, successifs et gradués, alternant avec le repos, des matériaux divers composant ces masses.

La rotation diurne et le balancement semestriel } en exposant { successivement et alternativement

ces matériaux à l'action de { la chaleur et la lumière } seraient le point de départ, les facteurs, la cause des mouvements des choses partielles et de la vie des êtres individuels.

Par leur continuité à jamais ininterrompue ces mouvements derniers participeraient de l'*éternité* et, en même temps

de la *durée*, de la même façon que $\Big\{\begin{matrix} \text{la chaleur} \\ \text{et} \\ \text{la lumière} \end{matrix}$ participent

de l'Absolu par leur action *continue* et de la Relativité par leurs actions *successives*. La chaleur ne pouvant pénétrer ou saisir la matière sans que celle-ci se meuve et celle-ci ne pouvant se mouvoir sans dérober momentanément ses surfaces à la chaleur, il s'ensuit que la division de la chaleur et la division de l'absolu en relatif sont la conséquence du mouvement de la matière, et que ces bifurcations auraient leur origine commune dans les mouvements terrestres diurnes et semestriels.

La force intensive que le soleil résume et qui fait se mouvoir la matière est composée de deux facteurs : la chaleur et la lumière. La matière inerte est composée de

deux substances : $\Big\{\begin{matrix} \text{l'inorganique} \\ \text{et} \\ \text{l'organique.} \end{matrix}$

Dans la première, des myriades de mouvements (effets) succèdent à des myriades de causes, avec rapidité, lenteur ou interruption, selon l'intensité de la force et la quantité de matière en combinaison.

Nombreux sont les caractères distinctifs et différentiels entre ces deux ordres de corps.

L'effet succède à la cause dans les corps inorganiques,

au hasard des combinaisons, sans calcul ni volonté individuelle, *sans intervention de la lumière*, mais avec une
nécessité absolue. Les corps inorganiques *doivent* obéir
au *Droit* implacable, la chaleur et ses facteurs, qui les
fouille, les dilate, les liquéfie ou gazéifie, les rendant
ainsi aptes à se combiner avec la sublance organique,
dont ils sont la charpente.

La gazéification des corps inorganiques, au centre de la
terre, est la première opération tendant à la formation des
corps organiques : c'est la préparation de leurs matériaux assimilables : le discernement qui s'en accomplit
dans les régions atmosphériques en est la seconde : la
troisième est le développement des germes organiques
sur la surface terrestre.

La matière organique subit des mouvements nécessaires sous l'action de la chaleur et elle *se développe*
sous l'influence de la chaleur et de la *lumière*.

Elle se développe : c'est-à-dire que cette substance que
les savants désignent sous le nom de *protoplasma* et que
nous constatons dans les germes des espèces végétales et
animales, posséderait la propriété indivuelle, sous l'action
de la chaleur et de la lumière, de s'assimiler des molécules appartenant aux facteurs de la chaleur, de la lumière et de la matière inorganique : de les combiner et
solidifier ensemble dans un arrangement spécial de molécules qui constituent une forme, une chair et des organes héréditaires dans les espèces. Les produits assimilants
et assimilés sont de même nature.

Cette évolution, ce développement mystérieux de la matière protoplasmatique est la vie.

La vie, phénomène. être individuel doué d'une « force propre » ; capable d'agir sur une quantité de « matière propre » : une parcelle transmise de père et mère en père et mère dans un passé sans commencement. et remontant, par ces causes successives, jusqu'à la dualité unique :

le soleil
et éternelle, parce qu'elle est *présente*.
la terre,

Les opérations successives de la vie dans les êtres sont les divisions temporaires de l'éternité de la vie dans les espèces. Dès l'instant qu'un être vivant *présentement* ne put être produit sans l'intervention d'ancêtres qui ont vécu en leur temps *présentement*, il est souverainement ridicule de rechercher l'origine de la vie. La vie étant carrément *relative* dans l'individu ne peut avoir sa source que dans la vie *absolue* et celle-ci ne peut présenter ce caractère sans être éternelle : c'est-à-dire *présente* dans le passé, dans le présent et dans l'avenir.

Rien n'est possible en dehors de la dualité. Il faut que
du mâle
l'union et se consomme. Tout être et toute
de la femelle
chose est la somme, la synthèse de deux facteurs. La
soleil
nature entière et n'a d'autre but que celui d'inspi-
matière

rer l'amour pour continuer la vie. Toutes les opérations dualitaires dans la terre, dans l'atmosphère et sur la terre concourent à l'obtention de ce résultat. Ce sont des mariages. La dualité absolue se divise en dualités relatives. Le Soleil est deux mâles : la Terre, deux femelles : deux principes fécondants et deux principes fécondés inséparables. La chaleur fait trembler la terre. retentir le tonnerre et mugir les cyclones dans ces unions multiples avec la matière : la lumière fait vivre les êtres. Tout dans la nature combat pour enfanter, travaille pour jouir et *pare* pour *avoir*.

Ainsi :

le premier facteur de la force graduée agissant sur la matière déterminée des phénomènes,

serait

la chaleur. nécessaire aux corps inorganiques

et

la lumière. nécessaire aux corps organiques.

C'est parce qu'il y aurait deux sortes de matière :

la matière première

et

la matière protoplasmatique,

qu'il y aurait, pour ainsi dire, deux sortes de vie :

1° le mouvement dans les corps inorganiques ;

2° la vie dans les corps organiques.

En formule :

Les causes phénoménales sont :

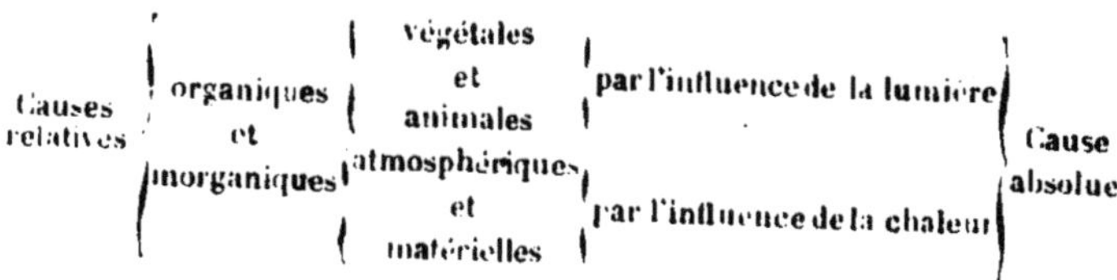

La tendance du végétal à *descendre* ou *monter* vers la lumière répond, probablement, à ce que nous appelons l'attraction du Soleil: sa fixité sur la terre et l'inclinaison de ses parties répondent à l'attraction terrestre. C'est toujours l'unique loi de la dualité se manifestant par l'affinité des molécules ou par la pesanteur des corps. Les lents mouvements de la Terre — invisibles à l'œil nu sur le cadran d'une horloge. — sont peut-être dus à ces simples causes mécaniques et matérielles de l'équilibre rompu : 1° par la croissance de la végétation, sous le regard solaire, en même temps qu'elle est suspendue dans la nuit de la face opposée ; 2° par l'intensité du rayonnement des gaz terrestres et, par suite, l'amoncellement des vents et des nuages dans la direction verticale de la Terre au Soleil.

Le végétal me semble représenter dans l'évolution de la Vie absolue, le produit de transition entre le mouvement de la matière inorganique et la Vie individuelle de la matière organique ; entre la Vie physique, si l'on veut, et la Vie psychique; entre la Vie passive et la Vie active. Il serait le point terminus de l'une et le principe de l'autre.

Le végétal serait { le sommet { des causes atmosphériques / et / des causes terrestres } et { le principe { de la vie animale / et / de la vie humaine. }

Autrement : il participerait des règnes { minéral / et / animal,

et sa connaissance, des sciences { abstraite / et / concrète.

De même, l'Atmosphère est le trait d'union entre les relations du Soleil et de la Terre. C'est-à-dire qu'elle serait, en quelque sorte, mi-chaleur et mi-matière.

Il n'y aurait réellement qu'une vie générale ou absolue, divisée en vies successives, phénoménales, sans commencement et dont la première manifestation aurait lieu *dans* la terre par l'intermédiaire de l'eau ; la seconde, dans l'atmosphère sous l'influence de la chaleur, et la troisième *sur* la terre sous l'influence de la lumière. Soit l'équation :

Vies relatives : { inorganiques { Mouv. de la matière / et / Mouv. de l'atmosp. } { chaleur / et / lumière } Vie absolue. et organiques { Vie végétale / et / Vie anima'e }

En résumé toute cette matière aride, dont le développement complet exigerait des volumes, se condense en cette formule :

$$\text{Le phénomène est}\begin{cases}\text{Une force graduée}\begin{cases}\text{chaleur}\\\text{et}\\\text{lumière}\end{cases}=\text{Soleil}\\\text{et}\\\text{Une matière dé-terminée}\begin{cases}\text{fluide}\\\text{et}\\\text{solide}\end{cases}=\text{Terre}\end{cases}=\text{Substance absolue.}$$

§ IV. — *La loi universelle dans les Sciences.*

La fameuse esthétique transcendantale de Kant, — laquelle, entre toutes les œuvres de cet auteur, faisait l'admiration de Schopenhauer — m'a laissé froid. Ma raison est rebelle à l'enseignement des connaissances par la *raison pure a priori*. Je ne comprends rien à la métaphysique. Toute conception qui n'est point assise carrément sur l'expérience est pour moi lettre morte.

D'abord, il ne faut pas confondre, comme il l'a fait, le $\begin{cases}\text{temps}\\\text{et}\\\text{l'espace}\end{cases}$ avec $\begin{cases}\text{l'éternité}\\\text{et}\\\text{l'infinité ;}\end{cases}$ car le temps est une fraction de l'Éternité et l'espace, une fraction de l'Infinité.

Le Temps et l'Espace sont des « formes ». Le Concept

de « forme » n'est compréhensible que par la connaissance expérimentale de ce qu'elle renferme.

Le Temps est la forme des quantités intensives : l'Espace est celle des quantités extensives.

Le temps est mesuré par les graduations successives de $\left\{\begin{array}{c}\text{la chaleur}\\ \text{et}\\ \text{du froid}\end{array}\right\}$ Température : la Chaleur principe et cause de tout mouvement, et le Froid, où la chaleur et le mouvement étant absents, il ne reste que le Repos. La Température-mouvement serait donc la seule essence effective, la « matière » du Temps ; mais elle serait incapable de le remplir sans le Froid-repos. Sans l'alternance de ces états divers nous ne pourrions compter leurs successions ; il n'y aurait qu'une chaleur au même degré ; un mouvement de vitesse égale ; il n'y aurait ni Temps ni Éternité, ni mouvement ni chaleur.

Le Froid est donc positivement, dans le Temps, la « forme » de la Chaleur, et la Chaleur la « forme » du Froid. La température est une réalité, une fraction de durée parce qu'elle contient et enveloppe deux quantités alternantes qui commencent d'être ou qui finissent. Nous ne pouvons concevoir, sous peine d'absurdité, qu'une fraction de cette nature ne soit précédée et suivie d'une infinité d'autres.

Même raisonnement pour l'Espace, rempli de deux choses extrêmement distinctes, opposées : $\left\{\begin{array}{c}\text{le plein}\\ \text{et}\\ \text{le vide,}\end{array}\right\}$ qui ne peuvent exister, ni même être conçus en dehors de leur union indissoluble. Il faut absolument que le vide limite la matière, ou que la matière s'étende dans le vide ; sans cette condition, il n'y a ni vide ni matière. C'est en vain que vous imaginerez un atôme invisible ou un corps infini : s'ils ne reçoivent du vide l'un la « Forme », d'atôme l'autre la « Forme » de corps, il n'y a ni corps ni atôme.

Le *tout plein* et le *tout vide* seraient également absurdes.

Et comme la chaleur, *dans le Temps*, commence et qu'elle est le moteur de tout changement et de tout mouvement ; que le froid, *dans le Temps*, est la cessation de toute chaleur et de tout mouvement, il s'ensuit deux dualités :

$$\left\{ \begin{array}{l} \text{La chaleur} \\ \text{Le froid} \end{array} \right. = \left\{ \begin{array}{l} \text{le mouvement} \\ \text{le repos ;} \end{array} \right.$$

Ou, pour appliquer la chose au phénomène humain :

$$\left(\begin{array}{c} \text{La naissance} \\ \text{et} \\ \text{La mort} \end{array} \right) = \text{la vie.}$$

En d'autres termes : la vie remplit le mouvement partiel qui commence à la naissance et se termine à la mort. On ne contestera pas que la mort ne puisse exister sans naissance, ni la naissance, sans mort : toute quantité n'a d'existence que par l'inséparabilité de ses facteurs.

Les temps sont successifs. *Nous ne pouvons pas concevoir un temps quelconque sans concevoir qu'il a été précédé et qu'il sera suivi d'un autre*, et notre pensée en exercice marque précisément la ligne idéale de démarcation entre ce temps antérieur et celui qui suivra nécessairement. Or, la synthèse de tous les temps passés par rapport à notre pensée *présente*, c'est l'Éternité passée, et celle des temps qui suivront notre pensée actuelle c'est l'Éternité future.

D'où :

Les temps passés) == l'Éternité.
Les temps futurs)

Les Espaces sont simultanés. *Nous ne pouvons les concevoir que sous deux formes : les pleins et les vides;* ceux dont l'étendue est remplie et ceux qui bornent, déterminent. limitent cette étendue (de matière). *Nous ne pouvons pas ne pas concevoir* que l'un de ces espaces est toujours indéfiniment la limite de l'autre. De sorte que, où que nous soyons. nous occupons toujours, absolument, indestructiblement. le centre de la totalité de ces espaces. Il faut absolument, pour concevoir l'Espace, qu'il y ait deux ordres d'espace :

$$\left. \begin{array}{c} \text{L'espace vide} \\ \text{et} \\ \text{L'espace plein} \end{array} \right\} = \text{l'Infinité}$$

L'Éternité, enfin, est le total de deux Éternités ; comme l'Infinité est le total de deux Infinités ;

ou :

L'Éternité est la forme totale de toutes les quantités intensives et successives : $\left\{ \begin{array}{c} \text{chaleur} \\ \text{et} \\ \text{mouvement} \end{array} \right. \left\{ \begin{array}{c} \text{lumière} \\ \text{et} \\ \text{vie,} \end{array} \right.$

de même que l'Infinité est la forme totale de toutes les quantités étendues et simultanées.

Deux Temps éternels (éternités) se succèdent dans l'Éternité; deux espaces infinis (infinités) s'étendent éternellement dans l'infinité.

(L'éternité,
(L'infinité,

est une dualité de formes dont les facteurs sont inséparables. L'un ne peut exister sans l'autre. L'infinité ne peut *être* sans *durée*, c'est l'éternité. L'éternité n'est rien sans *quelque chose* qui succède et ce « quelque chose » c'est l'infinité.

Autrement : une « forme » est un non-sens sans « quelque chose ». L'idée « forme » implique ce « quelque chose » qui la remplit, qui lui donne l'être, la raison d'être.

Si l'Éternité est la totalité des temps successifs;
Si l'Infinité est la totalité des espaces simultanés;
Si la chaleur est dans le temps;
Si la matière est dans l'espace;
Si la dualité :

(chaleur)
(matière) $=$ phénomène;

il s'ensuit que la dualité de formes :

Éternité)
Infinité)

est remplie par la substance et que la « substance » un mot que nous avons imaginé pour nous comprendre, est la totalité des phénomènes.

Alors s'ouvrent pour nous des horizons spéculatifs d'une profondeur vertigineuse, d'une éblouissante clarté :

Les « formes » générales d'Éternité-Infinité, totaux des Temps et des Espaces infinis, sont des expressions idéales impliquant une durée et une étendue absolues. A mon humble avis, la science et les religions ont tort de nous affirmer que nous sommes impuissants à comprendre les « Formes éternelles et infinies. Je prétends, moi voyageur, que c'est la seule connaissance positive que nous puissions acquérir : la seule pensée vraiment scientifique qui ne redoute aucune réfutation. Comprendre qu'une durée et une étendue sont absolument « sans fin » ; se bien persuader que les chiffres alignés, les lignes tracées pendant les Temps infinis ne nous éloigneront jamais du centre de la circonférence infinie, du point idéal qui sépare les deux Éternités (passées et futures) : c'est connaître l'Éternité et l'Infinité. Comprendre qu'on ne peut pas les comprendre ni les connaître, c'est encore les connaître et les comprendre. Et quand j'envoie ma pensée dans la région du « sans fin » je dis que je comprends parfaitement le « sans fin ».

Ce ne sont point les « formes » conçues d'Éternité et Infinité que les hommes cherchent à connaître : aucun d'eux n'ayant la folie de douter de leur existence absolue : ce n'est même pas ce qui est contenu dans ces « formes » : c'est la nature, la personnalité du contenu. Leurs cheveux ont blanchi pendant qu'ils recherchaient quand et comment « les *choses éternelles* » ont *commencé*, et ils veulent savoir quand elles *finiront*. C'est une grande question, bien que stupide sans examen, de savoir si Dieu a créé ou s'il n'a

pas créé : s'il est un esprit pur ou s'il est *souillé* de Matière. Que de savants se sont illustrés dans ces spéculations
compliquées, mais bien coordonnées, que le temps a détruites !

Que de systèmes ont joui de célébrité, qui n'ont pas
même été compris et qu'il serait honteux d'accepter aujourd'hui ! Depuis cent ans les grands savants vivent de la
nébuleuse, sinon sur le commencement, au moins sur
l'organisation des mondes et absolument sur les sponta-
néités de la vie ! Cependant les lois naturelles aussi simples qu'admirables, fonctionnent, depuis des siècles
et des siècles connus avec une régularité parfaite :
pas la plus mince erreur à relever dans les mouvements
« sans fin » ; toujours la chaleur et la lumière ont alterné
dans le temps travail et repos ; ont continué sans interruption, inépuisables dans l'éternité, exemples constants de ce
que nous avons à faire. O hommes ! je vous le dis en vérité :
il n'y a qu'une loi, et tant qu'il y aura, parmi vous, des
divergences sur son interprétation dans votre conduite
et dans vos croyances. vous n'aurez ni gouvernement ni
religion durables.

En résumé :

pour envelopper
la totalité de la substance absolue
et
ses fractions phénoménales relatives,
en des formes qui n'ont rien de transcendantales ni de
raison pure *a priori*, il suffit de se souvenir et réfléchir
pour juger que la formule suivante remplit parfaitement
ce but :

Les « formes » phénoménales sont :

$$\left\{\begin{array}{c}\text{Dans les temps successifs}\\[1em]\text{et}\\[1em]\text{dans les espaces simultanés}\end{array}\right\}\left\{\begin{array}{c}\text{passés}\\\text{et}\\\text{futurs}\\\text{vides}\\\text{et}\\\text{pleins}\end{array}\right\}\begin{array}{c}\text{Éternité \textit{présente}}\\[2em]\text{Infinité immuable}\end{array}\left.\begin{array}{c}\\\\\\\\\\\end{array}\right\}\begin{array}{c}\text{Formes}\\=\text{absolues de}\\\text{la substance}\end{array}$$

Ces vieux dogmes de Trinité, que l'on retrouve dans toutes les théologies, sont des vérités fondamentales resplendissantes de clarté, quand on les débarrasse du mysticisme opaque qui les enveloppe. Les Trinités sont des symboles de l'Éternité.

De la juste pondération entre ces deux facteurs inséparab'es, résulte l'ordre absolu dans la vie absolue.

$$\left.\begin{array}{c}\text{Action}\\\text{et}\\\text{réaction}\end{array}\right\}\text{qui égalent la relation.}$$

$$\text{L'action c'est}\left\{\begin{array}{c}\text{la lumière}\\\text{et}\\\text{la chaleur}\end{array}\right\}=\text{Soleil.}$$

La réaction (résistance) est la — Matière.

$$\text{La relation c'est la Vie}\cdot\text{donc}\left\{\begin{array}{c}\text{le Soleil}\\\text{et}\\\text{la Matière}\end{array}\right\}=\text{Vie absolue.}$$

Le phénomène est une fraction de cette dualité. Les sexes humains sont des phénomènes. De leur conjonction naît l'homme :

$$\left\{\begin{array}{c}\text{Ame, parcelle active, intense, insaissisable, issue du Soleil,}\\\text{et}\\\text{Corps, parcelle passive, étendue, saisissable, issue de la Terre.}\end{array}\right\}$$

J'ouvre un traité de physiologie et je constate que le développement du germe embryonnaire suit la même loi :

$$
\left.
\begin{array}{l}
\left.
\begin{array}{l}
\left.
\begin{array}{l}
\text{Ovule mâle} \\
\text{et} \\
\text{Ovule femelle}
\end{array}
\right\} = \text{protoplasma} \\[1em]
\left.
\begin{array}{l}
\text{Protoplasma} \\
\text{et} \\
\text{produits acquis}
\end{array}
\right\} = \text{Cellule}
\end{array}
\right\} = \text{Tissu} \\[2em]
\left.
\begin{array}{l}
\left.
\begin{array}{l}
\text{1}^{re}\text{ espèce de tissu} \\
\text{2}^{e}\text{ espèce de tissu}
\end{array}
\right\} = \text{Organe} \\[1em]
\left.
\begin{array}{l}
\text{1}^{re}\text{ espèce d'organe} \\
\text{2}^{e}\text{ espèce d'organe}
\end{array}
\right\} = \text{appareil orga-} \\
\hphantom{\text{2}^{e}\text{ espèce d'organe}} \text{nique.}
\end{array}
\right\} \text{Organis-} \atop \text{me.}
\end{array}
\right\} \text{Être.}
$$

Chaque organe physiologique (instrument) serait le produit de dualités s'engendrant réciproquement et correspondrait à des sensations, à des affections, à des pensées psychologiques (forces motrices). C'est-à-dire que les sens corporels seraient en conformité de facture et de causation avec les facultés spirituelles. L'analyse ou déduction d'un ordre fournirait, pour ainsi dire, la synthèse ou induction d'un autre ordre :

La
Volonté
{
entendement et Jugement
}
{
intuition = 1er tubercule optici et
imagination = 2e tubercule optici
Mémoire = 1er tubercule inf. et
Réflexion = 2e tubercule inf.
(Conscience)
}
{
1er lobe hémis.
2e lobe hémis.
}
Cervelet.

Ou :

Volonté
{
entendemen' et jugement
}
{
intuition = Le toucher et
imagination = la Vue
Mémoire = la parole et
Réflexion = l'ouïe
}
{
le goût (sensuel)
l'odorat (sensuel)
}
Volition.

Dans la chimie :

Le chlorure de sodium =
{
sodium et chlore
}
= Ac. chlorhydrique.

L'eau . . . . =
{
hydrogène et oxygène
}

= Oxyde de sodium.

Dans la classification que les savants ont faite des sciences en
{
abstraites et concrètes.
}

Dans la logique :

Les douze célèbres catégories de Kant se rangent dans l'ordre suivant par la Formule :

$$\text{Concepts mathém.}\begin{cases}\text{Totalité} \\ \text{et} \\ \text{Limitat.}\end{cases}\begin{cases}\text{Un té} = \text{Substance} \\ \text{et} \qquad\quad \text{et} \\ \text{pluralité} = \text{Causalité} \\ \text{Réalité} = \text{Possibilité} \\ \text{et} \qquad\quad \text{et} \\ \text{Négation} = \text{Existence}\end{cases}\begin{cases}\text{Récipr.} \\ \text{et} \\ \text{Nécess.}\end{cases}\text{Concepts dinam. :}$$

Dans les antinomies :

$$\left.\begin{array}{l}\text{La Lumière} \\ \text{et} \\ \text{l'obcurité}\end{array}\right\} = \text{le Crépuscule ;} \qquad \left.\begin{array}{l}\text{La Chaleur} \\ \text{et} \\ \text{le froid}\end{array}\right\} = \text{Température :}$$

$$\left.\begin{array}{l}\text{La Justice} \\ \text{et} \\ \text{l'Injustice}\end{array}\right\} = \text{l'Équité ;} \qquad \left.\begin{array}{l}\text{La Vertu} \\ \text{et} \\ \text{le Vice}\end{array}\right\} = \text{le Devoir :}$$

$$\left.\begin{array}{l}\text{La Richesse} \\ \text{et} \\ \text{la Pauvreté}\end{array}\right\} = \text{l'Aisance.} \qquad \left.\begin{array}{l}\text{Le Bon} \\ \text{et} \\ \text{le Mauvais}\end{array}\right\} = \text{l'Ordinaire ;}$$

$$\left.\begin{array}{l}\text{La Naissance} \\ \text{et} \\ \text{la Mort}\end{array}\right\} = \text{la Vie ;} \qquad \left.\begin{array}{l}\text{La Liberté} \\ \text{et} \\ \text{l'Esclavage}\end{array}\right\} = \text{La Nécessité :}$$

$$\left.\begin{array}{l}\text{Le Sujet} \\ \text{et} \\ \text{l'Attribut}\end{array}\right\} = \text{Le Verbe, etc., etc.}$$

Enfin dans la Sociologie :

<table>
<tr><td rowspan="6">Le Citoyen.</td><td rowspan="3">A :
Des Droits
individuels</td><td>Naturels
et
Sociaux</td><td>Vivre
et
posséder
gouverner
et
être défendu</td><td>Avoir
et
Conserver
(acquérir)</td><td>Droit
législatif</td><td rowspan="6">Justice.</td></tr>
<tr><td>DOIT :
Des Devoirs
individuels</td><td>Naturels
et
Sociaux</td><td>se conserver
et
travailler
Obéir
et
défendre</td><td>Devoir
et
Payer</td><td>Devoir
législatif</td></tr>
</table>

Toute la science sociale est contenue dans ce dernier tableau. C'est ce que je vais démontrer.

LA FORMULE

ESSAI DE SOLUTION DE LA QUESTION SOCIALE.

———

PREMIÈRE PARTIE

DES DROITS

§ 1. — *Conception du terme : « Droit » par les économistes.*

Dans toutes les langues, il n'est pas de mots employés plus fréquemment que le mot « droit » et il n'en est pas dont la signification soit moins précise. Généralement les écrivains confondent le « Droit » avec le « Devoir ». Ils écrivent indifféremment : « le devoir est la conséquence du droit » ou « le droit est la conséquence du devoir ». Je lisais hier dans un journal : « Devant les refus formels du ministre, le général *n'avait qu'un droit, c'était de faire son devoir.* »

Il semble que Moïse n'a pas même soupçonné l'existence d'un droit quelconque : ses lois n'expriment et ne commandent que des devoirs.

Jésus-Christ a promis aux hommes, en tant que droit, le ciel.... quand ils ne seront plus.

« Le droit, a écrit Grotius, est ce qui est juste ». Et quand on lui demandait : Qu'est-ce qui est juste? Il répondait : « c'est ce qui n'est pas injuste ».

« Toute la législation, tout le droit politique doivent être basés sur le principe d'utilité, qui n'a pas d'étalon, de mètre; dont l'appréciation échappe à l'analyse, se modifie avec l'individu, selon son tempérament, son âge....» (Bentham.)

Hégel ne reconnaissait d'autre droit que celui de la volonté absolue. Dieu *avait* le droit, les hommes *avaient* le devoir : expression absurde, puisqu'elle signifie que les hommes *avaient* ce qu'ils *devaient.*

La célèbre déclaration des droits de l'homme ne définit ni le « droit » *sec*, ni le droit naturel. Elle déclare que l'homme a des droits : la liberté, la propriété, la sûreté, la résistance à l'oppression.

Qu'est la liberté? Qu'est la propriété?

La résistance à l'oppression est un *devoir*.

M. Oudot (*Science et Conscience*) dit : « le mot « droit » est un parasite dont l'absence ne laisserait pas de lacune. »

A tout propos on entend cette phrase : « Ceci est mon droit et mon devoir » : preuve évidente que ceux qui parlent ainsi ne savent ce qu'est le droit et le devoir.

Littré : « Droit, du latin *rectus* : qui a la rectitude des sens et du cœur ».

Qu'est-ce que la rectitude? Sur quoi repose-t-elle?

« Le droit, en général, dit Proudhon, est la reconnaissance de la dignité humaine dans toutes ses facultés, attributs et prérogatives. »

Voilà, en vérité, un « droit » bien déterminé, capable surtout d'améliorer le genre humain et d'avancer le règne de la justice! La reconnaissance de la dignité humaine! Qu'est-ce que la dignité humaine? La vôtre et la mienne, celle du mendiant qui reçoit et celle de l'homme généreux qui donne, celle du patron et de l'ouvrier, de la maîtresse et de la cuisinière, du roi et du sujet, sont-elles égales? Selon Proudhon, non : puisque « l'homme a autant de droits spéciaux qu'il peut élever de prétentions en raison de la diversité de ses facultés, de ses attributs, de ses prérogatives. » La prérogative, un droit ! Voilà un singulier principe démocratique.

Autre définition du droit de Proudhon :

« Le droit, dans sa signification la plus générale, est le respect auquel tout homme peut prétendre de la part de son semblable, tant pour sa personne que pour sa famille, en raison de leur communauté de nature et de la solidarité de leurs intérêts. »

Cela, c'est de la pure *filandre*. L'homme quel qu'il soit n'a d'autre droit à prétendre que celui qu'il obtient par l'accomplissement de son devoir : le produit de son travail.

M. Menier (*Avenir économique*) a écrit : « Le droit est, pour tout être, l'expression de la nécessité de sa conservation et de son développement. »

J. J. Rousseau (*Discours sur l'inégalité*) a exprimé exactement la même conception.

Mirabeau dit, au contraire, que cela même est le premier *devoir* de l'homme.

M. Menier dit encore ; (*Av. écon.*).

« Si malgré tous ses étais, le droit social s'émiette, se désagrège et s'écroule, que sera-ce donc quand la formule du droit individuel sera nettement dégagée ? C'est là ce qui lui manque. Il n'existe qu'à l'état instinctif. On se doute qu'il existe ; mais il n'a pas encore de formule précise. On ne connaît pas son caractère distinctif ».

On ne peut connaître la qualité d'une chose sans con-

naître la chose. Disputer sur la propriété des droits est
superflu : tous les droits sont individuels.

§ II. — *Définition du terme « Droit » par la Formule.*

Le « Droit » *sec,* sans adjectif, signifie simplement
« Avoir. »

Il signifie *avoir* parce qu'il est le contraire de *devoir;*
Ces deux termes sont inséparables : on ne peut rien
avoir sans *avoir dû* l'acquérir : on ne peut rien *devoir*
sans *avoir droit* à une compensation équivalente.

Le Devoir est une action nécessaire pour l'acquisition
d'un Droit.

Le Droit est le produit, le résultat de cette action.

L'action produite fait la qualité du Droit. Quand l'action
n'existe pas, le droit n'existe pas. C'est pourquoi les termes : Droit, Avoir, employés isolément, sont des **expressions** vaines. *J'ai...* quoi? *J'ai* le *droit...* de quoi ?

J'ai le droit de voter les impôts.

Pourquoi ?

Parce que je subis l'action d'en payer une part.

§ III. — *Du Droit Naturel selon les auteurs.*

Les divergences entre les savants sont encore plus abondantes et tranchées à propos du droit ou des droits-naturels. Les uns ont affirmé ceci, les autres cela et le plus grand nombre, que le Droit Naturel *n'existe pas.*

Il est certain qu'il est difficile de qualifier consciencieusement un concept indéterminé, entrevu dans le vague. Naturel ! ce qualificatif ne dit pas grand'chose. Tout est naturel : les droits et les devoirs, vrais ou faux : les êtres et les choses.

« Le droit-naturel, selon Hobbes, est la faculté qu'a l'homme, à l'état de nature, de tout faire pour se conserver. »

Tout faire pour se conserver, selon la formule, est l'action propre du *Devoir Naturel.*

J'ai lu :

« Hobbes, Grotius, Burlamaqui n'ont eu aucune conception nette du Droit-Naturel !

« Bentham réagit aussi contre ce droit quand il dit : La loi de nature est une expression figurée. Les auteurs ont pris le mot comme s'il avait un sens propre, comme s'il y avait un code des lois naturelles ; ils en appellent à ces lois ; ils les citent et ne s'aperçoivent pas que ces lois naturelles sont de leur invention, et qu'en raisonnant de cette manière il faut toujours recommencer, parce que sur des *lois imaginaires* chacun peut avancer tout ce qui lui plaît... La loi naturelle est une invention humaine.

« Cette critique de Bentham contre ce droit idéal, ajoute M. Menier, ne manque pas de vérité. On peut placer, à côté de son école, l'école historique allemande, qui a pour représentants Savigny, Eichborn, Grim, Hugo. Elle est l'expression de la même réaction contre la *métaphysique* du Droit-Naturel du xviiie siècle. » (Menier : *av. écom.*).

Voici ce qu'a « entrevu » Quesnay à propos du Droit-Naturel :

« C'est le droit que l'homme *a* aux choses propres à sa jouissance. Chacun doit jouir de toute l'étendue de son Droit-Naturel. »

Très bien. Les cailles sont propres à sa jouissance. Qu'il attende que, du ciel, elles lui tombent rôties. Il a droit aux cailles; mais à quoi lui sert ce droit sans le complément indispensable de prendre et charger son fusil; de chercher, tuer, déplumer et rôtir les cailles; sans, en un mot, le devoir de travailler, et s'il rencontre quelqu'un qui soit disposé à faire ces travaux pour lui, ne faudra-t-il pas qu'il le paye ? S'il ne rencontre personne et qu'il veuille reposer, mangera-t-il des cailles ?

Mirabeau : « Le pouvoir de satisfaire nos besoins dé-

pend absolument de notre *propriété personnelle*, c'est-à-
dire de la liberté complète d'employer nos forces, notre
temps et nos moyens à la recherche de ce qui nous est
utile... »

Qui ne jouit de cette liberté complète? Parce que vous
cherchez du travail, qui n'existe pas, avez-vous le droit
de faire vos deux repas par jour? Tous ceux qui sont
forts trouvent-ils du travail à point?

« Droit Naturel » : Droit *idéal* vers lequel doivent ten-
dre les législations. » (Littré : *Dictionnaire*).

Voilà, en vérité les législateurs bien renseignés !
« Droits Naturels » : ceux que l'on regarde comme
appartenant à tout homme en sa qualité d'être humain. » (Littré : *Dict.*).

Ceux !.... lesquels? Quel poil, quelle couleur ont- ils?

« Droit-Naturel » : ensemble des règles communes à
tous les hommes; règles qui dérivent de la nature de
l'homme. Le Droit naturel se lie à la morale; l'un et
l'autre ont le même fondement et à peu près le même
objet. » (Bonnet : *Œuvres mélées.*)

Pourquoi ne pas signaler ces règles? Pourquoi ne pas
indiquer ce *fondement?*

« C'est cette ignorance de la Nature qui jette tant d'incertitude et d'obscurité sur la véritable définition du

Droit Naturel... Ce n'est point sans surprise et sans scandale qu'on remarque le peu d'accord qui règne sur cette importante matière entre les divers auteurs qui en ont traité... Tant que nous ne connaîtrons point l'homme naturel, c'est en vain que nous voudrons déterminer la loi qu'il a reçue. Tout ce que nous pouvons voir très clairement au sujet de cette loi, c'est que non seulement, pour qu'elle soit loi, il faut que la volonté de celui qu'elle oblige puisse s'y soumettre avec connaissance, mais il faut encore, pour qu'elle soit naturelle, qu'elle parle immédiatement par la voix de la Nature. Laissant donc de côté tous les livres scientifiques, je crois apercevoir deux principes antérieurs à la raison, dont l'un nous intéresse ardemment à notre bien-être et à la conservation de nous-mêmes, et l'autre nous inspire une répugnance naturelle à voir périr ou souffrir tout être sensible, et principalement nos semblables. » (J.-J. Rousseau : *Discours sur l'inég.*).

Le Droit Naturel « et la loi Naturelle » sont admirablement décrits et virtuellement exprimés dans ces phrases, lues et relues depuis plus de cent ans ; cependant, si je demande : qu'est le droit naturel, qu'est la loi naturelle? Personne ne répondra.

Le type des droits, selon Proudhon ; le fondement du droit ; celui dont découlent tous les autres droits : le « Droit Naturel, » c'est le droit de la Force !

En résumé, par ces citations divergentes, on voit que les savants ne sont d'accord ni sur la définition de cette conception : le « Droit Naturel, » ni même sur son existence. De là est résulté le même désaccord entre eux, sur la nature et la valeur des droits individuels qui en dérivent ; de là, aussi, la confusion qui règne dans l'interprétation du Droit et du Devoir.

§ IV. — *Du Droit Naturel et du Devoir selon la Formule.*

Pour comprendre une conception, il faut d'abord comprendre les termes dont elle se compose.

Nous savons déjà que le mot : « Droit » signifie : « Avoir. »

Que signifie le mot Naturel ?

Naturel : de la nature, qui lui appartient, est son effet, son œuvre, son produit.

Naturel : sans mélange : vin naturel, sans eau ; ton naturel, sans dièzes ni bémols à la clef.

Une chose naturelle est une chose brute, naturelle, dont la forme n'a pas été modifiée par l'homme. Un être est naturel, *au plus haut degré*, quand son existence, sa vie est le produit exclusif de la nature. Nous disons : l'habitude est une seconde nature, indiquant ainsi qu'un autre état plus naturel a précédé l'état d'habitude. Le germe spermatozoïque est plus naturel que l'homme ; parce que sa nature : la vie, dépourvue d'organes fonctionnels apparents, le rapproche plus de la chose brute. Mais le germe n'est pas plus un homme que le gland n'est un chêne.

J. J. Rousseau recherchait l'homme naturel au fond des forêts vierges, et il en a fait lui-même, avec sa femme, quatre ou cinq. Il a confondu l'homme errant ou *sauvage* avec l'homme naturel. Il voulait un homme naturel *adulte*. Il ne songeait pas que le père et la mère de cet adulte, les bêtes et les éléments qui l'environnaient ; ses besoins, ses passions et sa pensée, avaient dû nécessairement lui inculquer des habitudes humaines en dehors du travail brut de la nature.

L'homme à l'état naissant, quand son corps et sa pensée ne présentent encore que des embryons de forme et de faculté, est le fils exclusif de la Nature : l'homme naturel.

C'est alors qu'il reçoit de la Nature : la vie ; un Avoir, un Droit qu'il n'a pas demandé, *qui est antérieur à la raison*, antérieur à tous les droits sociaux, à toute législation.

C'est le seul Droit, le seul Avoir de tous les avoirs que l'homme n'acquiert pas par un devoir préalable, par un travail personnel. C'est une *avance*, un prêt, ou un don de la nature, sans aucune intervention volontaire humaine.

C'est pour ces motifs que

Le Droit de Vivre
ou
Avoir la Vie

est le Droit Naturel.

Une *pensée* mystérieuse, irrésistible, naît en l'homme.
Il n'a ni voulu, ni désiré l'avoir et il est hors d'état de la
repousser. La pensée est essentiellement libre. C'est une
surprise envahissante, troublante et rayonnante qui lui
commande impérieusement de rechercher, en un autre
être, une pensée de même nature.

Isolées, ces deux entités sont pénétrées de leur impuissance, de leur inutilité. Elles sentent que le bonheur et
la vie sont dans leur conjonction. C'est une attraction
muette, invincible qui s'opère continuellement, languis-
sante ou effrénée. En l'une et en l'autre quelque chose gémit, désire, implore une pitié, un regard, aussi précieux
que la vie . Tels deux nuages portant leurs électricités,
mâle et femelle, se recherchent, se rencontrent et s'embrassent dans un éclair.

Rien ne peut empêcher la conjonction des âmes, de l'esprit, de la pensée, de l'*immatériel* qui précèdent et entraînent l'union des corps. La gloire, la fortune et
l'ambition ; le remords, la douleur, l'Univers même :
toutes les pensées étrangères à l'acte créateur ont
disparu, sont oubliées. Il n'existe plus que le bonheur
d'aimer, d'étreindre dans le silence et le mystère cet être
que l'extase illumine, et qui pourtant soupire et semble
souffrir.

Oui, cette joie revêt les signes de la souffrance, comme

si la nature voulait montrer à l'homme que la conception
vient du ciel — qui *agit* { : d'une âme — qui a
   et de   . et
   la terre — qui *subit* { : d'un corps — qui *doit :*
{ du *bonheur*
     et
{ du *malheur.* De fait, le germe conçu est le résultat de
la combinaison de ces facteurs inséparables et il parti-
cipera de sa double origine. Rien n'*agit* qui ne fasse *subir ;* rien n'*a* qui ne *doive,* et le *bonheur* serait une inconnue si le *malheur* ne lui donnait sa forme.

Le premier cri de l'enfant, vibrant comme un ordre,
est un rudiment de la parole. Les philologues n'ont
trouvé d'autre origine au langage que l'exclamation. La
parole est la traduction de la pensée. Le rôle de la pensée
est d'affirmer, d'opérer la liaison entre une idée subjective et une idée objective.

Il était nécessaire que les trois termes de sa proposition
fussent ellipsés pour nous apprendre que le sujet n'étant
qu'un germe n'était capable que d'une affirmation en
germe. Il affirmait l'existence de *son moi* subjectif et la
connaissance innée de la nourriture : objectif, autant pour
obéir à la nature que pour faire acte d'autorité *naturelle.*

Le cri signifiait : « me voilà » : *je veux vivre.*

Il y a cette croyance, très répandue, dit-on, que si
l'enfant entre silencieux dans le jour sans cette expression autoritaire, c'est qu'il consent à ne pas vivre.

La mère comprend admirablement ce langage. Elle lui

présente son sein. Il entr'ouvre ses lèvres roses, tâtonne et cherche quelque chose : c'est le petit goulot de la bouteille arrondie et replète sur lequel il se colle et fait le vide, comme un vieux physicien, aspirant avec art un liquide immaculé.

Le premier acte de l'enfant a été la revendication d'un *Droit* : Vivre, auquel sa mère à répondu : Travaille, et aussitôt il s'est livré à l'accomplissement de ce *Devoir* personnel.

La Pensée-germe *a* commandé; le Corps-germe *dut* obéir.

Ces deux actes sont la base de toute existence humaine. Ils se répéteront désormais tous les jours, jusqu'à la mort, avec d'un côté, une insistance de plus en plus impérieuse: de l'autre, une obéissance constante et toutes deux proportionnées au développement des facultés qui commandent et des organes qui doivent obéir.

La Vie est la seule *chose* que l'homme ne doive à personne ; c'est pourquoi nulle puissance humaine n'est capable de lui interdire le droit d'en disposer, et personne n'a le droit de la lui disputer ou ravir. Il est armé, à l'égal de tout autre, pour la défendre. Il lui appartient de perfectionner ses armes par le travail.

Mais la Nature en lui donnant ce droit naturel: la Vie, très fragile en lui-même, lui a *imposé* la nécessité (Devoir) de la conserver, en pénétrant son être, pour ce droit sacré, d'un attachement, d'un amour et d'une passion contre lesquels les sentiments qu'inspirent les autres droits, — quelle que soit leur intensité, — ne prévaudront jamais. Tout droit quelconque, altruiste, social ou personnel, disparaît devant la nécessité de vivre. Devant la Nature, devant Dieu même, l'homme a un Droit et le défend : Vivre, et un devoir : se conserver.

Le droit naturel de vivre est le type des droits. Il renferme, enveloppe et contient tous les droits.

Tout droit qui lui porte atteinte n'est pas un droit. Tout devoir non rempli est un attentat contre le droit de vivre des autres.

Le droit naturel de vivre est inaliénable. Il suit l'homme partout. L'examen des droits sociaux peut engendrer des divergences ; le droit naturel, jamais.

Beaucoup de gens, des savants mêmes, ont confondu le droit de vivre et le devoir de se conserver. Il y a pourtant entre ces deux conceptions la différence qui existe entre un capital acquis et une dette à couvrir ; entre la jouissance et la souffrance ; entre le repos et le travail.

La vie c'est le droit, la pensée, l'Être relatif, c'est une fraction issue de l'Être absolu, transmise de père et mère en père et mère : germe mystérieux autour duquel s'incarne une forme phénoménale, le corps, dont toute la fonction est le devoir de conserver le droit de la vie.

Le droit de vivre
    et   sont si naturels que
le devoir de se conserver
la pensée
    et   individuels sont toujours d'accord pour le défendre. L'une et l'autre, sur ce point, agissent de concert, avec le maximum de leur énergie. Aucune loi hu-

maine, hors la force, n'est capable, en cette circonstance,
de les empêcher d'agir. Quand l'homme a faim, l'horreur du vol n'existe plus pour lui ; quand il est en péril,
le meurtre même pour lui, est un devoir impérieux.

Dans l'univers entier, on ne rencontrerait aucun être
humain, jouissant de raison, qui pût contester la valeur
de ce droit et la valeur de ses dérivés. Il est la base des
législations primitives aussi bien que des plus civilisées.

Par contre, son devoir correspondant, inséparable,
semble aussi méconnu des savants que des ignorants :
de là sont sortis tous les malheurs de l'humanité.

§ V. — *Du Droit Naturel de « Propriété. »*

<table>
<tr><td>Une pensée mâle
et
Une pensée femelle</td><td>} engendrent un germe de pensée</td><td rowspan="2">} engendrent un germe d'homme</td></tr>
<tr><td>Un corps mâle
et
Un corps femelle</td><td>} engendrent un germe de corps</td></tr>
</table>

Ce germe est d'abord imperceptible comme un souffle,
comme . . . . *l'Atmosphère ;*
par affinité ou *attraction*. se groupe autour
de lui de la . . . . *Matière ;*
il s'attache à un tronc et se développe,
pendant neuf mois, comme un . . . . *Végétal ;*
ses formes embryonnaires empruntent successivement celle de tout le genre . . . . *Animal ;*
puis il apparaît au jour sous la forme d'un *Homme.*

Alors, celui-ci se meut, se conserve, travaille et produit (fabrique) de la chaleur,
comme la. . . . . *Terre.*

Quelque chose, qui est libre, insaisissable et invisible, fixé mystérieusement
en lui, rayonne dans l'infini de l'espace,
sans abandonner son siége, de la même
façon que rayonne la lumière du . . . . . *Soleil.*

La pensée de l'homme commande ; son corps obéit.
Le Soleil semble commander ; les astres semblent
obéir.

Sans atmosphère il n'y a plus de chaleur ; sans chaleur, plus de mouvement et sans mouvement, plus de vie ;
c'est-à-dire : sans Matière il n'y a pas de Soleil et sans
Soleil, pas de Matière.

De même : sans pensée humaine il n'y a pas de formation corporelle humaine.

L'homme paraît être une réduction de l'Univers.

La nature nous a donné la vie nette, sans qualité ni

défaut, en germe, avec la liberté et le vouloir de la développper dans le temps et l'espace et de lui faire rapporter pour nous, quand nous agissons bien, du Bien, et quand nous agissons mal, du Mal.

Cet *Avoir* est commun à tous les hommes, au roi, comme au berger. Nul ne peut se targuer d'avoir reçu un germe de qualité spéciale, plus beau ou plus laid, plus propre qu'un autre à procurer des jouissances ; car la quantité des jouissances légitimes (Droits) est en rapport direct avec la quantité des travaux pénibles (Devoirs).

Les hommes ne sont égaux qu'aux deux extrêmes de la vie : quand ils naissent et meurent ; quand ils arrivent du foyer commun et quand ils y retournent ; parce que ces actions de naître et mourir sont *passives* et *subies* en dehors de toute volonté humaine. Les germes et les débris matériels sont à la nature.

Ce qui appartient à l'homme est ce qu'il a ajouté librement à ces germes : le développement de sa pensée et de son corps ; c'est-à-dire la conservation de sa vie, le produit de *son travail* personnel.

La nature a voulu que deux dualités égales concourussent à l'acte mystérieux qui transmet la vie : deux pensées et deux corps, unis dans une étreinte intime, ont oublié en ce moment ineffable tout ce qui était en dehors de leur action commune. Elle a voulu que l'être conçu, qui naîtra débile, fût entouré de protecteurs vigilants. Le père, heureux, travaille et déjà ses pensées n'ont d'objet que l'avenir de son enfant ; la mère, radieuse et fière, enveloppe le petit être de sa chaleur, lui fait respirer son souffle, lui donne à manger son corps. Pour plus de sécurité, des protecteurs naturels existent jusque dans une génération antérieure : des grand'mères et des grand-pères émus se flattent de recommencer la vie dans l'être en formation.

L'enfant fait son apparition ainsi que le fils d'un roi, sous l'arc-de-triomphe du ciel immense, dans l'apothéose de la lumière éblouissante, au milieu des splendeurs de la nature terrestre. Tout ce qui l'environne lui appartient, tous ses désirs sont aussitôt satisfaits ; il commande : on obéit ; il se croit sur un trône d'où il contemple ses sujets fidèles ; il ne songe pas que son bonheur puisse avoir un terme : tel est l'accueil que la nature réserve à la vie naissante.

La nature eût fait à l'homme un cadeau dérisoire, en lui donnant la vie et en organisant avec tant de sollicitude la protection de son début, si elle n'eût mis à sa portée les éléments nécessaires à l'accomplissement des exigences qu'elle comporte.

Elle ne pouvait, sans injustice, imposer à l'homme *l'obligation* de conserver sa vie, sans lui fournir les moyens de remplir cette obligation ; sinon, il nous faudrait confesser qu'elle a moins de bienveillance pour l'homme que pour les végétaux et les bêtes.

D'ailleurs, la nature n'agit que par dualité de facteurs inséparables. De même que le Soleil est une dualité

de . . . . { chaleur
et
lumière ;

la Terre une dualité de. . . . . { Atmosphère
et
Matière

l'homme, une dualité de . . . . { pensée
et
corps ;

l'enfant, la synthèse de . . . . { un père
et
une mère ;

de même les membres, les organes, les sens et les facultés de l'homme sont accouplés en dualités : le droit naturel de l'homme est la synthèse de deux facteurs.

Le droit de la vie n'est rien sans le devoir de la conserver ; le devoir de conserver la vie ne peut être rempli sans le devoir de travailler : le devoir de travailler est impossible sans la condition de *posséder* un élément matériel.

Il n'est pas possible d'imaginer un travail sans la nécessité *d'avoir le droit* à une portion de la terre, c'est-à-dire sans avoir une « propriété ». Il n'y a pas un travail ayant pour objet la nourriture, le vêtement ou l'abri, éléments indispensables à la conservation de la vie, qui n'ait besoin de ce facteur, la matière, la *propriété*, laquelle, à son tour, pour produire, a besoin de la

collaboration du travail. Le travail intellectuel même,
quand il se propose un but lucratif, l'acquisition d'un
« capital », a besoin de matériaux solides. Seules, les
spéculations individuelles de la pensée, de la parole, du
chant, du son. etc : la chaleur, la lumière et l'atmosphère, éléments libres. invisibles et insaisissables, donnent à l'homme des jouissances sans le secours de la
matière et en dehors de toute atteinte.

L'homme *a* autant de droit à la *propriété* de la terre
qu'il en *a* à la propriété de la chaleur, de la lumière,
de l'atmosphère, de sa pensée et de son corps.

Le Droit de « propriété » est aussi naturel et fondé
que le droit de la vie.

Le Droit de la vie
    implique
le devoir de la conserver ;

Le Droit de « propriété
    implique
le devoir de travailler :
La première dualité
    implique
la seconde dualité ;
Le premier terme de chacune
    est contenu dans
le second terme de chacune ;

Le droit de la vie est une unité :
le droit de la conserver est la pluralité

dont l'union inséparable est dans la totalité.

L'unité existe dans la pluralité : la totalité contient

{ la pluralité

et

l'unité.

(Le *devoir* de conserver la vie implique la vie : *Droit*.

| Le *devoir* de travailler, implique la propriété : *Droit*.

La vie : *Droit*
  implique   } facteurs inséparables de {
la possession : *droit*

conserver la vie : *Devoir*
  qui implique
travailler la matière : *Devoir*.

Conserver la Vie
     et   } sont les facteurs de la *Loi naturelle*.
travailler la Matière

La Loi que l'homme « a reçue » à l'état « d'homme-naturel » ; c'est-à-dire avant que sa pensée, son « moi », son individualité, son « essence » naturelle fût modifiée par des pensées extérieures, par des influences humaines, par des habitudes imposées, reçues des êtres ou des choses environnantes.

Conserver la Vie et travailler la Matière sont des expressions synonymes ; c'est-à-dire qu'elles expriment l'unité de la Loi naturelle.

Cette Loi naturelle répond au desideratum de J. J. Rousseau : « la Volonté de celui qu'elle *oblige* doit s'y soumettre avec connaissance ; elle parle immédiatement par la voix de la Nature. »

En outre, conformément à la conception que les hommes ont des lois positives, elle a, en elle-même, sans jugement, sa sanction terrible :

Tout être qui ne travaille pas doit mourir.

C'est le seul cas où la peine de mort soit absolument légitime.

Travailler, c'est collaborer avec la Nature pour la production des choses propres à la conservation de la vie.

La Nature dans cette association fournit les éléments bruts : des fractions graduées de Soleil et des fractions déterminées de Matière. Comme si elle voulait rappeler constamment à l'homme *la nécessité* de travailler et lui indiquer un modèle immuable à suivre, elle ne fait croître sur la Terre que des végétaux inutiles : l'homme, pour approprier le sol, *doit* les détruire. Plus le sol est fertile, plus l'effort de l'homme devra être laborieux ; plus le sol est fertile, plus il est insalubre et infesté de bêtes ennemies de la végétation utile à l'homme : *il faut que* l'homme détruise les marécages et les bêtes. La « propriété » présente une étendue inoccupable, mais elle est au loin ; elle renferme des richesses inépuisables, mais *il faut* préalablement, pour les en extraire, que l'homme se livre à un labeur pénible. La communication entre les mers est interceptée par des isthmes étroits : *il faut* que l'homme en entreprenne la coupure. De larges échancrures sont taillées dans les continents, indiquant des refuges contre la tempête : *il faut*, généralement, que l'homme en fasse disparaître la barre, en creuse la profondeur. Des cours d'eau se ramifient sur la surface des continents : ces routes, que la nature eût pu faire splendides, l'homme a toujours besoin d'en compléter l'achèvement : ici, c'est une profondeur qu'*il lui faut* par-

faire : là, ce sont des digues qu'*il lui faut élever*: ailleurs,
« ce sont des *rapides* qu'il *doit réduire* par un nivellement.
ou des rochers qu'*il doit faire* disparaître. L'or est dans
les entrailles de la Terre ou dans le sable, sous l'eau des
rivières. Sur la Mer est la tempête : sur la Terre sont les
tremblements.

Partout, et dans toutes les circonstances, *il faut* que
l'homme *travaille* ou *meure*.

La Nature donne à l'homme la vie, la pensée, un
germe, une semence immatérielle, qui n'est rien sans
l'appui d'un corps matériel. Ce corps est une combinaison de
$\left(\begin{array}{c} \text{Chaleur} \\ \text{et} \\ \text{Lumière} \end{array} \right)$ plus de $\left(\begin{array}{c} \text{Atmosphère} \\ \text{et} \\ \text{Matière,} \end{array} \right)$ dualités que nul être
humain n'a produites et qui, par conséquent, n'appar-
tenant à personne, sont des propriétés collectives de l'humanité.

L'homme ne reçoit que des matériaux bruts. Il lui
appartient *personnellement* de les régler, doser, utiliser
pour ses besoins *personnels*. Le germe de vie qu'il *a* en
lui, possède la connaissance naturelle, innée, pour accomplir cette œuvre de développer, perfectionner les facultés
de sa pensée, ses membres, ses organes, ses sens : de
fabriquer lui-même son corps, ainsi que la Terre, sous
l'impulsion inexorable de la Pensée invisible, fabrique sa
chaleur et sa lumière.

Le travail *doit être personnel*. C'est ce que l'on commence à reconnaître lentement. Il est personnel, puisque
nous ne pouvons l'imposer à nos semblables sans *attenter*

à leur droit de vivre, en leur imposant la double tâche
(Devoir) de pourvoir en même temps à la conservation
de leur propre vie (Droit) et à la conservation de la
nôtre.

Tous les hommes, pour se conserver la vie (Droit),
éprouvent les mêmes besoins nécessaires et, pour les
satisfaire (Devoir) ils sont outillés également : d'où la
conséquence que la pratique du *devoir* est absolument
personnelle.

Le malheur est qu'il faut recommencer tous les jours,
parce que les aliments, les vêtements et les abris, par
leur nature, sont destructibles et que la température est
sans cesse variable : autre injonction implacable, de la
nature à l'homme, du devoir de travailler.

Mais le travail est pénible. Les hommes en ont horreur ;
c'est pourquoi ils ont habilement organisé ce système :
« *l'égalité devant le Droit* », faux principe, vain et creux,
sans signification, quand il n'est pas complété par : *l'égalité devant le Devoir.* »

On n'empêchera jamais *l'action de l'homme sur l'homme*,
soit en agissant sur sa pensée par des doctrines au-dessus
de son intelligence, ou sur ses passions sensuelles, par
l'appât de jouissances immédiates ; mais la société *doit* le
devoir d'imposer à l'homme le devoir *qu'il doit* et d'en
affranchir l'homme *qui ne le doit pas.*

C'est la seule réforme à réaliser vers le progrès, vers
la justice sociale : (travailler / et / vivre.) Imposer la justice est un
devoir, puisque c'est mettre fin à l'injustice.

Il est résulté de cette organisation, dont la bêtise humaine est fière, cette situation curieuse : les hommes qui travaillent le plus sont ceux qui mangent le moins : ceux qui ont horreur de faire quelque chose ont toujours sur les lèvres les mots de sainteté du travail, « le Travail c'est la liberté », de morale, de vie en l'autre monde : ce sont enfin les gens corrumpus qui prêchent la vertu à ceux-là mêmes qui la pratiquent.

Et comme les hommes sont égaux devant le droit on en conclut que, après une si belle conquête, tout est bien et qu'il n'y a plus rien à faire. Or, la Formule affirme que le Droit est vain sans son devoir. Le Devoir personnel est le respect du droit des autres.

Il n'est pas vrai que le premier qui ayant enclos un terrain s'avisa de dire : *Ceci est à moi*, attira sur le genre humain les crimes, les guerres, les meurtres, les misères et les horreurs. (J.-J. Rousseau) »

A mon point de vue, cet homme, au contraire, prouva qu'il était laborieux. Combien fut plus coupable celui qui, pour une jouissance immédiate, eut la lâcheté de travailler pour un salaire sur le champ d'un autre !

Car si chacun devait défricher et cultiver son terrain, avec ses propres membres, il ne pourrait en enclore ni bien long ni bien large, et il y en aurait de reste pour les générations futures, quelle qu'en fût l'éventuelle abondance.

Cependant des économistes très sérieux s'alarment d'un excès de population possible. Ils ressemblent à ces savants qui prétendent avoir reconnu que le Soleil se refroidit progressivement et qui, d'un autre côté, confessent que la connaissance de la nature du Soleil est fondée sur des hypothèses.

Ces préoccupations ridicules ne prouvent que la bêtise humaine : l'admirable et éternelle nature ne peut errer.

En résumé, il n'est pas possible que la nature se fût montrée si bienveillante à l'égard de l'homme, à son début, en lui donnant la vie qu'il n'a pas demandée, en l'entourant de protections incessantes, en pénétrant son être de l'ordre exprès de la conserver, en l'armant pour remplir cette condition : il n'est pas possible qu'elle lui eût fait ce don, qui serait infâme et dérisoire, si elle ne l'eût complété par les éléments propres à assurer cette conservation :

Elle le plaça sur la terre, dans un milieu de chaleur et de lumière, d'atmosphère et de matière inépuisables sur son champ légitime, sur les matériaux indispensables à son travail.

Elle lui dit :

Voilà la vie (Droit), Conserve-la (Devoir).

Voilà la «propriété», (Droit) travaille-la (Devoir).

§ VI. — *Définition du terme « Propriété ».*

Si nous demandons aux philosophes et aux économistes la signification de ce mot si usuel, nous sommes sûrs de rencontrer la même confusion, les mêmes divergences et la même indécision que nous avons constatées dans les interprétations qu'ils ont données les concepts du droit, du droit naturel et du devoir.

Et cela se comprend : ils ont cru asseoir leurs conceptions sur des principes et ils ont feint le plus souvent de ne pas s'apercevoir, ou ils ne se sont pas aperçus réellement, que ces principes ne reposaient sur aucun fondement.

On ne peut s'asseoir dans le vide. On ne détermine pas un point dans l'espace sans le relier avec un centre, un point fixe, solide de la terre.

Les principes ne servent à rien, leurs effets sont nuls, tant qu'on ne peut pas donner le *pourquoi* de leur raison d'être.

Nous reconnaissons que notre système planétaire *a* un point central, fixe, immobile ; élargissez, par la pensée, jusqu'à l'infini, la circonférence possible dans laquelle se meuvent et travaillent les planètes et les astres : vous aurez l'Univers ; c'est-à-dire un point commun, *qui repose* : le *Droit* et des individualités matérielles *qui travaillent* : le *Devoir*.

Or, toute circonférence est composée d'une infinité de triangles *qui ont* un sommet commun et une base déterminée, parce que, si grande que nous puissions la concevoir, cette circonférence sera toujours un espace, une fraction de l'infini et contenue dans l'infinité.

Tous les phénomènes sont des fractions triangulaires, relatives, constitutives de la circonférence *absolue* et *jouissant,* comme celle-ci, d'un point central, d'une origine et d'un noyau commun.

Nous avons découvert par l'analyse du Droit naturel qu'il est composé de deux éléments : vivre et posséder : l'un immatériel, comme le point idéal qui détermine la circonférence et la ligne qui détermine le plan, l'espace renfermé.

Le point ne peut exister sans la ligne ni la ligne sans le point. Le point et la ligne sont les deux facteurs nécessaires, inséparables de l'espace, du plan, du cercle qu'ils déterminent.

De même le triangle a deux facteurs : la base et le sommet. Sans sommet, point de base et sans base, point de sommet.

Le triangle du droit naturel a pour sommet *la vie :* pour base, la *propriété* et pour facteurs constitutifs de ces deux droits les devoirs de *se conserver* et de *travailler.*

Le triangle est la figure élémentaire de l'espace : l'espace est une fraction de l'infini.

Les deux côtés latéraux du triangle qui relient le sommet à la base sont les facteurs $\begin{cases} \text{d'un angle droit} \\ \text{plus} \\ \text{d'un angle droit} \end{cases}$ facteurs élémentaires de l'espace. . .

Les devoirs de $\begin{cases} \text{se conserver} \\ \text{et} \\ \text{travailler,} \end{cases}$ qui relient le sommet et la base du droit, engendrent

(le droit de vivre naturel

et

(le droit de posséder naturel,

qui sont les éléments du « Droit ».

Vivre est le *sommet* mystérieux, immatériel inconnu, dans le temps, du droit phénoménal. Le temps est une fraction de l'éternité.

Posséder est la *base* matérielle, dans l'espace, du droit phénoménal. L'espace est une fraction de l'infinité.

Le premier se rattache au Soleil ; le second à la Terre.

Il y a une différence énorme, à mon sens, entre ces expressions : la Propriété et le Capital, que plusieurs économistes ont confondues. Il me semble qu'on peut la signaler en deux phrases :

La « propriété » est tout ce à l'existence de quoi l'homme n'a pas contribué.

Le Capital est le produit de deux facteurs :

(La « propriété »

et

(Le travail.

« Propriété » vient de « propre ». Il est la *substantification* de cet adjectif. « Propriété » : qui vous appartient exclusivement, en propre, personnellement, comme votre nom propre. Tout ce que les hommes n'ont pas fait, partant tout ce qui existe sans leur concours est « propriété » de l'homme. Il a le droit d'approprier ce facteur, puisque, le faisant, il ne nuit en rien au droit de vivre des autres.

La « propriété » est toujours naturelle brute, inépuisable. Quand elle n'est pas inhérente au « moi individuel » humain, elle n'appartient à personne : c'est à dire qu'elle appartient à tout le monde, qu'elle est le patrimoine commun des hommes parce qu'elle est stérile et sans valeur, sans la collaboration du travail, sans son travail.

L'homme possède deux espèces de propriétés :
(L'interne, qui est personnelle à chacun,
          et
L'externe, qui est commune à tous.

La vie, l'intelligence, la force, la santé, la beauté, etc. sont des propriétés internes et non des capitaux. A quoi sert le talent de l'avocat s'il ne plaide pas, la science du médecin, s'il n'exerce pas ? A quoi servent des membres herculéens si celui qui les *possède* les laisse se ramollir et s'atrophier dans la paresse ? On dit *ce ténor a* dans son gosier un *capital :* c'est un tort : il *n'a* qu'une « *propriété* » un facteur du capital, qui n'apparaîtra que par le concours d'un autre facteur interne, une action personnelle : le travail. Il ne peut faire exploiter sa propriété par un autre. Il est des indiens qui se figurent posséder des propriétés qui ont l'étendue d'un royaume et qui ne leur procurent ni une bonne nourriture, ni un abri commode, ni une jouissance quelconque.

La « propriété externe » de l'homme est tout ce qui existe sans le concours de sa collaboration.

Nous disons couramment :

Le Soleil *a* la propriété de rayonner la chaleur et la lumière.

La Terre *a* la propriété de se couvrir de vie et de végétation.

L'atmosphère *a* la propriété de rechercher son équilibre.

L'eau *a* mille propriétés : de se dilater et de se contracter ; de se transformer en vapeur, en glace, en gaz ; de circuler ou rester en repos, etc.

Toute cause *a* la propriété de produire un effet.

Le végétal *a* la propriété de croître et s'élever.

L'animal *a*, entre autres, celles de croître, circuler et vivre.

L'homme *a* en lui, résumé une fraction déterminée de toutes les propriétés naturelles.

Mais toute propriété *doit* la rançon de son *avoir*, de sa raison d'être.

Le Soleil, pour rayonner, a besoin de l'atmosphère ; l'atmosphère et l'eau pour se mouvoir, ont besoin de chaleur ; la terre, pour se couvrir de vie, la cause, pour produire un effet, *doivent* se mouvoir ; le végétal, l'animal et l'homme, pour se conserver *doivent* travailler.

L'homme doit manger, boire, se couvrir et s'abriter, et les éléments qui servent à lui procurer ces jouissances ne se rencontrent ni dans le repos ni dans l'air resté, à peu près, « propriété commune », mais dans l'effort sur la propriété. Il faut qu'il la défriche et laboure, la sème et la soigne, puis qu'il récolte et prépare le produit de cette dualité :

la propriété externe)

 et il faut, enfin, qu'il travaille.

sa propriété interne :)

La possession collective des « propriétés externes » est le plus haut degré de civilisation que puissent atteindre les hommes, parce qu'elle leur permet de jouir volontairement de leurs « propriétés internes ». C'est quand les premières se convertissent en « propriétés personnelles » que les secondes tombent dans la dépendance, dans le prolétariat, dans l'esclavage. La différence entre l'esclave et le prolétaire consiste en ce que les propriétés internes du premier sont achetées en bloc, tandis que le second les vend au jour le jour. Il est vrai que celui-ci *a la jouissance* d'agir volontairement ; mais ce droit est malheureusement compensé par la souffrance qu'il subit, quand *sa marchandise* ne trouve pas d'acheteur.

Les peuples commencent par la civilisation. Ils grandissent et prospèrent aussi longtemps qu'ils sont égaux, non devant le Droit mais devant le Devoir.

Les hommes ne perdent le Droit que quand la barbarie les a placés dans l'impossibilité d'accomplir volontairement le Devoir.

La désaffection, le mécontentement sont le point de départ commun de toutes les explosions politiques et impliquent, soit l'existence de l'injustice, soit la prétention de l'établir. Toutes les révolutions imaginables se résument en deux espèces qui ont chacune leur cause particulière :

L'une combat pour conserver et conquérir les moyens matériels de vivre et reposer (deux droits) sans travailler ;

L'autre, pour conquérir les moyens (Droit) de travailler volontairement (Devoir)

Jamais dans les pays prétendus barbares, où le sol inculte (propriété) abonde, la révolution ne vient *d'en bas*. Il semblerait que le peuple, malgré l'intensité de sa misère, est retenu par cette pensée naturelle : Si je suis pauvre c'est que je mérite de l'être, car le facteur de la richesse ne me fait pas défaut ; mais j'ai horreur du travail. De même, dans les pays prétendus civilisés, jamais on n'a vu le travailleur qui vit sur son champ fomenter la révolution.

Jusqu'ici, l'interprétation ordinaire et commune que les savants donnaient du « Droit naturel » en faisait un concept abstrait, par conséquent, instable et sans base, et en dehors de toute expérience. Le grand Kant lui-même, pour justifier la haute origine de ce concept idéal du Droit, prétendait (*Critique de la raison pure*) que l'expérience seule est incapable de fournir une connaissance de laquelle résulterait une loi universelle.

Cependant, l'expérience même n'échappe pas à la constitution fondamentale de la loi universelle : car la connaissance qu'elle donne est le résultat du travail (de deux facteurs physiologiques

et

(de deux facteurs psychologiques. Il faut au moins le concours de deux facultés de la pensée et le fonctionnement de deux sens corporels pour atteindre la connaissance d'une loi phénoménale quelconque, qui soit l'image, le reflet, la représentation de la loi universelle.

Aussi longtemps que le sujet objectif conçu n'est pas

déterminé par un attribut objectif certain, la liaison subjective de ces deux concepts ne saurait s'affirmer, et la connaissance est vague et vaine.

C'est ainsi que le Soleil, par exemple, dont nous affirmons l'existence avec la plus entière certitude, est néanmoins une connaissance incomplète, car nous n'en connaissons que ceci : le Soleil, parce que nous *le voyons*. Dès que nous avons la prétention de compléter ce concept par un attribut certain, nous tombons dans les hypothèses, parce que cet attribut nous le *voyons* et ne le *touchons* pas. Dire que le Soleil est *existant* est l'expression d'un pléonasme qui n'ajoute rien à l'affirmation d'existence ; dire qu'il est chaleur et lumière est une affirmation dénuée de toute preuve positive, car la chaleur et la lumière du Soleil n'existent pas au-delà de notre atmosphère.

De même de la vie, de la matière. *Elles sont :* c'est tout ce que nous en savons.

Le terme « connaissance », sec, de même que le terme « droit », sec, ne disent rien : la connaissance de quoi ? Le droit de quoi ?

C'est pourquoi tant que le droit naturel n'a pas eu un fait humain *naturel* pour base, le droit et les droits n'ont rien signifié, et pourquoi ils ont différé dans les temps entre les hommes et les nations. De là tant de gouvernements divers, de religions ennemies, de principes et de droits différents : signes manifestes qu'aucune de ces institutions ne représente la vérité.

Tant que subsisteront des divergences dans les institutions des hommes, la civilisation sera un vain mot.

Il n'est pas possible de nier que

l'homme est { un fragment de vie et c'est-à-dire { un fragment de matière, }

deux éléments inséparables qu'il *a reçus* de la nature,

deux avoirs naturels, deux droits { vivre et posséder.

§ VII. — *Des droits individuels sociaux :* *Du Contrat-social*

Le Soleil *a* l'existence
et
la Terre *doit* travailler.
L'homme *a* la Vie
et
il *doit* la conserver.

La Terre, en travaillant, conserve *son* Soleil ;
l'homme, en travaillant, conserve *sa* Vie.

On dit : le Soleil luit pour tout le monde. On pourrait
dire avec autant de raison : le Soleil est le droit, l'avoir,

la vie de l'Univers, comme le Droit naturel est le *soleil* des droits.

Nous avons vu au § V que le Droit individuel, conformément à la Loi Universelle dualitaire, est la synthèse de deux facteurs dont chacun est l'organe, pour ainsi dire, des deux situations auxquelles l'homme est soumis durant sa vie.

Dans l'état d'isolement où, exceptionnellement, la famille, et non l'homme, peut être amenée par la naissance ou la volonté, l'homme n'a d'autre loi que l'observance de la Loi Naturelle :

S'il travaille il jouit et se conserve ;

S'il ne travaille pas il souffre ou meurt : voilà la sanction indispensable de la Loi.

Pareil à l'enfance encore inconsciente ou à l'adulte qu'un vice organique a soustrait à toute direction mentale, l'homme, dans cet état de nature, n'a aucune conception de ce que j'entends par « propriété externe. » Tout ce qui l'entoure lui appartient sans distinction. Il n'a d'autre devoir à remplir, pour en jouir, que de faire fonctionner ses membres. Ses voisins étant aussi maîtres que lui de ces choses et tous ayant les mêmes besoins, nul ne consent à *souffrir* que pour soi-même ou pour les siens le travail que l'obtention de ces choses réclame.

L'idée du « tien et du mien » apparaît avec le travail. On peut se rendre compte, aujourd'hui encore, en mille endroits divers, du respect que les prétendus *sauvages* professent pour les produits du travail personnel. C'est une véritable religion. Le vol, entre eux, est absolument inconnu. **Le travail dispense de toute organisation sociale.**

Les savants ont recherché la cause ou l'origine des gouvernements ou du contrat social. Les uns voient dans ces institutions la conséquence de la guerre ou de la conquête; d'autres, une suite du prétendu despotisme de la famille; Jean-Jacques-Rousseau et ses disciples l'estiment contemporaine de la transformation du sol collectif en propriétés individuelles; d'autres philosophes la font naître de la nécessité de se garantir mutuellement le produit du travail personnel. etc., etc.

Il en est de ce problème comme de ceux des origines de la vie, du langage, de la matière. de la chaleur et de la lumière. Dès qu'on les aborde et qu'on cherche à les approfondir, on rencontre infailliblement une cause préexistante et l'on s'enfonce dans les hypothèses. Ces divergences des auteurs et l'impossibilité où il se trouvent de donner un point d'appui à leurs élucubrations, sont une preuve évidente que ces origines n'existent pas. On ne prouve pas la négation.

En quoi cette connaissance des origines intéresse-t-elle l'humanité ? Quelle instruction utile pouvons-nous en retirer et quelle influence peut-elle exercer sur notre conduite sociale ? Que peut-il nous importer que les institutions, les choses et les êtres aient commencé dans le temps ou qu'ils se soient manifestés éternellement ?

Puisque les expériences passées n'ont produit que le mal général actuel; puisque les causes antérieures ont amené des effets déplorables. les hommes devraient les repousser. les répudier et condamner comme de mauvais exemples et s'appliquer avec énergie à la découverte de combinaisons non encore essayées. Ce n'est point dans l'histoire du *connu*, qui n'a produit que le désordre, qu'il faut chercher la vérité : c'est dans l'étude des lois naturelles, dont l'ordre est immuable.

D'ailleurs, voulez-vous connaître le passé ? Étudiez le présent ; vous y trouverez sans avoir besoin de consulter l'histoire, les traditions et les légendes obscures, les modèles, les formes et les espèces de tous les gouvernements imaginables et en tous, petits ou grands, les états de formation embryonnaire, de puissance adulte et de décrépitude sénile ; de même qu'en étudiant les lois physiques qui se développent sous nos yeux, nous découvrons le commencement et la fin des formes phénoménales s'engendrant, se succédant, en laissant intacte la matière, la « chose en soi », qui revêt ces formes. Si les hommes ne s'acharnaient à former des gouvernements dont les lois sans fondement sont différentes et variables, ces gouvernements seraient éternels comme l'humanité.

Un gouvernement naît de deux gouvernements antérieurs, de la même façon que l'homme naît de deux êtres antérieurs, et l'eau, de l'hydrogène et l'oxygène préexistants.

Au moyen-âge, dans notre pays, les hommes appartenaient au sol : le sol, aux seigneurs ; les seigneurs, aux vassaux : les vassaux au roi et le roi se disait à Dieu. Bien que Dieu, que nous sachions, ne demande rien à personne, le roi, les vassaux et les seigneurs vivaient en son nom du travail des vilains, *qui n'avaient rien*.

Il y a trois cents ans, les Espagnols s'emparèrent de tout un continent, réduisirent en esclavage des peuples plus civilisés qu'eux-mêmes et forcèrent les vaincus à cultiver à leur profit les propres terres qu'ils avaient défrichées.

La métropole écrasa d'impôts les conquérants ; ceux-ci écrasèrent de travail les Indiens.

Sur tous les territoires des nations américaines, en des régions presque impénétrables, il existe d'innombrables tribus laborieuses et inoffensives qui ont réussi à se soustraire à la domination des nouvelles républiques. Eh bien ! ceux-là mêmes qui attachent un si grand prix à la liberté, si l'on en juge par l'ardeur et la vaillance qu'ils ont montrées pour la conquérir, poursuivent ces malheureux avec le même acharnement dont ils eurent à souffrir récemment et pour leur imposer quoi ? le travail et des impôts.

L'Algérie était la propriété des Arabes. Quelques actes de piraterie et un coup d'éventail les en ont dépossédés. Le châtiment a-t-il été proportionné à l'offense ?

Nous considérons abominable que la Prusse ait conquis sur nous l'Alsace et la Lorraine, comme si nous n'avions jamais rien conquis sur les autres. Nous nous apitoyons sur le sort des habitants que les autres conquièrent sur nous ; jamais sur le sort de ceux que nous conquérons.

La Justice, dans le monde *sauvage*, repose sur le travail ; dans le monde *civilisé*, sur la force. On chante ici des *Te Deum* pour en célébrer l'heureux résultat ; là, un autre peuple en gémit.

Les payens ont persécuté les chrétiens ; les chrétiens

ont massacré les hérétiques ; les hérétiques ont brûlé les libres-penseurs, et déjà les libres-penseurs, en France, montrent la tendance à imposer leurs croyances.

Toutes ces atroces spéculations, pour la réussite desquelles tous les moyens sont bons, excepté le Droit et la Justice, ont pour mobile un motif unique :

Faire travailler les faibles au profit des forts.

Les faibles sont les ignorants honnêtes ; les forts sont les intelligents malhonnêtes.

Jamais les ignorants n'ont eu l'idée de fonder un gouverment : jamais *ceux qui n'ont rien* n'ont reconnu la nécessité d'un contrat social ; mais ils ont dû le subir, imposé par *ceux qui ont.*

Telle est la cause des gouvernements.

Quant à leur origine, elle est dans ces dualités éternelles :

La Chaleur
et
la Lumière   Soleil
L'atmosphère
et   Terre   = l'Etre, la substance, la vie absolue.
la Matière

dont les divisions s'obtiennent par le fractionnement de :

Chaleur
et
Matière   en Force graduée
Atmosphère
et   en Matière déterminée   = homme, phénomène, la vie relative.
Matière

Si la Nature eût voulu que l'homme vécût dans l'isolement. elle ne lui eût donné que la Pensée, seul élément absolument libre de son être. En le dotant des sens essentiellement sociaux de $\left\{\begin{array}{c}\text{l'ouïe}\\\text{et}\\\text{la parole}\end{array}\right.$ et d'un appareil reproducteur nul sans le complément de l'appareil reproducteur d'un autre être, elle lui a virtuellement imposé la vie sociale. Ce sont des contes de philosophes en chambre que l'homme ait vécu errant et sauvage. Ce type n'a jamais existé que dans les *sociétés civilisées*, à titre d'exception et pour se soustraire, sous prétexte de sauver leurs âmes, au travail indispensable du corps. Partout on retrouve. ou des gouvernements. ou l'embryon d'un gouvernement dans la *cellule* sociale :

$$\left\{\begin{array}{c}\text{le couple individuel}\left\{\begin{array}{c}\text{l'homme}\\\text{et}\\\text{la femme}\end{array}\right.\\\text{et}\\\text{la famille}\left\{\begin{array}{c}\text{le couple}\\\text{et}\\\text{sa descendance,}\end{array}\right.\end{array}\right.$$

source éternelle des peuples, comme la goutte d'eau est la source des mers.

Ainsi le mobile qui porte les hommes à vivre en société est naturel. Le contrat social qui les unit est volontaire et raisonné chez ceux qui possèdent; inconscient et tacite chez ceux qui n'ont rien. Les premiers. jusqu'à nos jours presque, ont réglé ce contrat entre eux, en ont déterminé la base et l'organisation et s'en sont réservé la direction : les seconds ignorent ce qu'est un contrat.

On a dit que le contrat social est tacite : l'histoire entière du genre humain dit : Oui, pour *ceux qui n'ont rien :* Non, *pour ceux qui ont.* Moïse l'écrivait sur les tables de la Loi ; les Grecs avaient l'Aréopage ; les Romains, le Sénat : chez nous la Féodalité. Aujourd'hui le contrat social est si *écrit* qu'il ne faut pas moins de la vie de l'homme pour en acquérir la connaissance et, quand même, les interprétations qu'on en donne sont souvent variables.

Dans le passé ceux qui possédaient les choses s'unissaient entre eux par un contrat. Les ilotes, les esclaves, les serfs n'avaient rien à régler ni à revendiquer, ni à contracter entre eux : ils travaillaient, obéissaient ; mais *ils ne payaient pas l'impôt,* et ils mangeaient. De nos jours, le prolétaire *a* le droit dérisoire de participer au réglement du contrat social ; mais en revanche il travaille quand il a du travail : il défend la patrie forcément et il paie l'impôt forcément. C'est une véritable injustice ; car il n'y a pas équivalence, pour celui qui n'a rien, entre le droit de régler les dépenses d'une sécurité dont il n'a pas besoin, et le devoir de les payer.

Il n'y a rien d'anormal, aujourd'hui, en ce que tous les citoyens soient appelés, par l'élection, au réglement des impôts, puisque chacun d'eux contribue à les payer ; mais dans un État organisé selon $\left\{\begin{array}{c}\text{le Droit}\\ \text{et}\\ \text{le Devoir}\end{array}\right\}$ par lesquels *ceux qui ont,* seuls, *doivent* le devoir, il serait souverainement injuste de faire participer au réglement des dépenses ceux qui n'ayant rien, ne contribueraient pas à les couvrir. Cette prétention serait aussi exorbitante que celle de salariés exigeant de coopérer à l'administration des biens de celui qui les paie.

Les Droits sociaux n'ont de raison d'être qu'autant qu'ils dérivent du Droit-Naturel et qu'ils en sont l'étai, le support, qu'ils le fortifient.

Tous les Droits sociaux \
      et } sont individuels et inaliénables.
Tous les Devoirs sociaux /

Pour assurer à chacun le plein exercice de ces Droits et Devoirs, les hommes ont convenu de faire des lois (gouverner) : des lois qu'ils *doivent* respecter (obéir).

Les lois sont donc, ou doivent être, l'expression, la détermination, la reconnaissance des Droits et des Devoirs sociaux.

Toute loi stipulant un droit sans son Devoir correspondant, ou un devoir sans l'assurance absolue d'un Droit, est une loi inique à laquelle le devoir des citoyens est de désobéir ; puisque, le faisant, ils se défendent (Droit) et ils défendent la Société (Devoir).

Le contrat-social *doit* assurer à chaque devoir accompli la jouissance d'un droit.

Exemples : les choses ont besoin d'être protégées contre les attentats du dedans et du dehors : ceux qui les possèdent *ont le droit* d'établir, à cette fin, des institutions et ils *doivent* le devoir d'en payer les dépenses.

Ils *ont* le Droit \
      et } au prorata de ce qu'ils possèdent.
doivent le Devoir /

Ceux qui pour tout bien n'ont que le travail ont droit, pour chaque service, à un salaire.

En résumé :

$$\text{le citoyen} \begin{cases} a \text{ des droits sociaux :} & \begin{cases} \text{gouverner} \\ \text{et} \\ \text{être défendu :} \end{cases} \\ \text{et} \\ doit \text{ des devoirs sociaux :} & \begin{cases} \text{obéir} \\ \text{et} \\ \text{défendre.} \end{cases} \end{cases}$$

Ainsi le Droit-naturel serait en même temps le critérium de la valeur des droits sociaux et le noyau potentiel de leur filiation.

Pour connaître la légitimité d'un droit et d'un devoir quelconques il suffirait qu'ils répondissent favorablement à ces deux questions :

> Ce droit est-il nuisible au droit naturel *des autres?*
> Ce devoir est-il inséparable d'un droit équivalent?

Dès lors on pourrait établir, sans grand effort, le bilan des droits et des devoirs sociaux.

J'ai le Droit :	Je *dois* le Devoir :
De vivre........................	De me conserver.
De propriété....................	De travailler.
De reposer......................	De payer des salaires.
Au salaire......................	De travailler
D'être défendu.................	De défendre.
D'égalité.......................	De solidarité.
Aux capitaux...................	De les garder.
D'assurer la sécurité de mes capitaux.......................	De payer cette sécurité.

De voter les dépenses.	De les payer.
De collaborer à la confection des lois.	De leur obéir.
De faire des travaux utiles et communs.	De contribuer à leur exécution.
A une église, à un temple, à une synagogue.	De les bâtir.
A un prêtre, à un ministre, à un rabbin	De les payer.
D'instruire mes enfants.	D'y travailler personnellement.
De les faire instruire.	De payer ceux qui les instruisent.
D'émigrer.	De me conformer aux lois du pays adopté.
A la protection de mon pays en tant qu'émigré.	De contribuer aux impôts qu'entraîne la défense commune.

Etc., etc.

J'ai les droits de parler, marcher, écrire, imprimer.
me réunir, etc., dans ma maison, dans ma cour, sur mon
champ ; de payer pour accomplir ces actes chez un autre :
parce que ce faisant, je jouis de mes propriétés personnelles internes, et de mes capitaux personnels externes,
sans porter aucun préjudice aux propriétés internes et
externes des autres.

La *tendance*, pas plus que *l'envie*, n'est un délit. Les
lois sociales n'ont rien à voir avec les « propriétés individuelles internes : la pensée, la conscience insaisissables.
Elles ne doivent frapper que les actes réellement dom-

mageables. Il n'y a d'actes dommageables que ceux qui attentent à la conservation de la vie. Légiférer sur la pensée, quel que soit l'ordre sous lequel on l'envisage : religion, instruction, est un signe de barbarie. C'est la manifestation initiale, honteuse et intéressée, ayant pour objet de convaincre les hommes par la persuasion, qu'ils *doivent* accomplir certains devoirs sans jouir des *avoirs* correspondants qu'ils engendrent.

Le Contrat-social, qu'il soit inconscient ou raisonné, tacite ou écrit, ne peut entraîner l'aliénation du Droit-naturel $\left\{\begin{array}{c}\text{vivre}\\ \text{et}\\ \text{posséder :}\end{array}\right\}$ de la Loi naturelle $\left\{\begin{array}{c}\text{se conserver}\\ \text{et}\\ \text{travailler.}\end{array}\right.$

Accomplir le Devoir implique respecter le Droit. Faire son devoir est donc synonyme de : pratiquer la Justice.

Donc le contrat-social *doit* imposer la Justice, pour éviter l'injustice ; *doit* imposer le Devoir pour légitimer le Droit.

Les devoirs sociaux sont $\left\{\begin{array}{c}\text{obéir aux lois}\\ \text{et}\\ \text{défendre les choses.}\end{array}\right.$

§ VIII. — *Du Droit de capital. Des capitaux.*

M. de Girardin a écrit : « Capital et propriété sont tout un. »

M. Banfield : « le capital est la somme des biens qui nous sont donnés par la nature ou que nous avons accumulés par abstinence. »

Stuart-Mill : « le capital est la richesse appliquée à un emploi reproductif. »

Malthus : « c'est une portion de biens consacrée à la production ou à la distribution des richesses. »

M. Rossi : « le produit épargné et destiné à la reproduction. »

M. Courcelle-Seneuil : « le capital est la somme des richesses en la possession de la personne dont on parle. »

M. Coquelin n'admet comme capital « que les valeurs créées de main d'homme et antérieurement accumulées. »

M. Joseph Garnier : « le travail et la terre sont des forces primitives ; le capital n'est jamais qu'un résultat de l'industrie de l'homme. »

M. Menier : « Toute utilité est un capital. » « Il y a les utilités fixes et les utilités circulantes. Le capital d'un particulier est l'ensemble des utilités qu'il possède. »

Ces définitions sont des fractions de définition, des vérités incomplètes : si le capital et la propriété représentent une seule et même idée, sans aucune nuance distinctive, pourquoi employer deux termes pour l'exprimer ? Sur quoi repose cette réalité ? A quels signes reconnaît-on sa légitimité ? C'est toujours l'expression insuffisante du principe sans fondement, du : *ce que sont* les choses sans le *pourquoi* sont les choses.

M. Coquelin n'admet comme capital que les valeurs créées de main d'homme et antérieurement accumulées. »

Il y a là, en germe, la distinction virtuelle du capital et de la propriété. Cet auteur, sans l'exprimer, indique que le « capital » est exclusivement le produit du travail de l'homme.

Mais le travail de l'homme ne peut s'exercer que sur la matière, sur une propriété $\left\{ \begin{array}{l} \text{soit interne} \\ \text{soit externe} \end{array} \right\}$: donc la main d'homme n'est qu'un facteur du « capital », un collaborateur de sa formation.

M. J. Garnier en disant : « le travail et la terre sont

des forces primitives », exprime les deux facteurs capables d'engendrer le capital ; mais, chose étrange ! il refuse toute valeur à ces éléments, il les repousse en tant que facteurs du capital, sans s'apercevoir qu'il les rappelle expressément dans la suite de sa définition : « le capital est le résultat de l'industrie de l'homme. »

Le travail est une force, parce qu'il *agit*. La terre est inerte, parce qu'elle *subit*.

La terre vierge, brute, naturelle. dessus ou dedans, est une « propriété. »

Dès que le travail la caresse ou la viole elle devient « capital. »

Le capital est donc le produit $\begin{cases} \text{du travail} \\ \text{et} \\ \text{de la propriété.} \end{cases}$

Toute combinaison de la « propriété » avec le travail $\begin{cases} \text{présent} \\ \text{ou} \\ \text{passé} \end{cases}$ quand elle n'a pas pour objet une jouissance immédiate, se propose de créer et crée un capital, petit ou grand, *accumulé* ou dispersé *antérieurement* ou présentement.

Toute utilité est capital ou propriété. Tout ce qui existe est ou sera utilité. Une chose n'est appelée utile que parce qu'il en est qui nous semblent inutiles. Toute utilité naturelle, non combinée avec le travail de l'homme, non appropriée, utilisée par l'homme, est une « propriété ». Toute propriété naturelle dont l'homme s'empare, qu'il utilise et approprie personnellement pour conserver sa vie, est un capital, son capital.

Le capital est le résultat de la première opération sur la propriété par le travail, dans le but d'acquérir une *jouissance*. Il n'est encore qu'une valeur de tendance, une valeur de facteur.

En effet, après mille travaux divers, je me trouve en possession d'une hache, d'une charrue, de bœufs (Capitaux). J'entre dans la forêt vierge (Propriété) ; je la défriche, la défonce et la laboure (Capital).

Ou : je veux pêcher en pleine mer (Propriété) ; il me faut un bateau : je le construis (Capital); une voilure, un armement (Capitaux).

Je perfore cette montagne inculte, stérile (Propriété) de puits et de tunnels (Capitaux); je bâtis une usine, j'y installe des machines (Capitaux).

Eh bien ! après tous ces travaux et l'acquisition de ces capitaux je ne possède encore que l'espérance de jouissances éventuelles.

Si je ne sème mon champ ;
si je ne le défends contre la végétation sylvestre et les bêtes sauvages ;
si je néglige de le récolter à temps ;
si je ne le récolte pas du tout ;
si, enfin, à mon *travail antérieur* (Capital) je n'allie pas mon *travail présent* : je mourrai de faim.

La « propriété », que mon travail a transformée en capital mien, redeviendra propriété naturelle, si je l'abandonne. A quoi me servira mon bateau frété (Capital) si je ne m'embarque pas? Quel capital réel vaudra ma mine et mon établissement (Capitaux) si je n'en tire de l'or, si elle ne renferme de l'or?

Ce capital, que certains économistes ont qualifié de *fixe*, considéré isolément, est un corps sans âme ; un facteur de la richesse, — mais pas la richesse, — aussi impuissant à produire isolément une utilité réelle qu'une femme seule à faire un enfant.

La Propriété est une femelle *sauvage* fécondée par le travail. Cette union engendre le capital.

Le capital est une femelle plus *civilisée*, que le travail présent féconde. Cette union nouvelle engendre un capital-femelle dont la valeur est plus réelle, plus positive, moins éventuelle, que les valeurs qui l'ont successivement engendrée.

Le travail *agit*, le capital *subit*.

Le premier est le droit, le soleil fécondant ; le second est le devoir, la terre fécondée.

Où les rayons du soleil ne pénètrent pas, sur les pôles, il n'y a pas de vie ; où leur énergie est moindre, pendant l'hiver, la vie est moins intense ou suspendue. Il faut que le facteur-terre *travaille* et *repose* alternativement et que le facteur-travail *repose* et *travaille* alternativement.

Le travail
et   sont dans une dépendance réciproque
le capital   absolue.

Ces deux facteurs ont des valeurs respectives égales.

Le capital représente une somme de *travail antérieur* dont le produit fut épargné, accumulé, *capitalisé*, réservé pour servir à un repos (Jouissance) ou à d'autres jouissances futures. Il représente le propriétaire. *Le travail présent.* sur le capital du propriétaire, constitue le prolétaire.

L'équité la plus élémentaire indique que chacun de ces facteurs égaux *a* droit à une part égale du produit résultant de leurs efforts communs. Ce partage est réglé actuellement par un contrat sur lequel il n'y a rien à récriminer.

Le produit { du travail antérieur accumulé par un propriétaire / et / du travail présent effectué par un prolétaire } est le capital réel. parce que, par sa disponibilité et sa perfection, il offre moins d'éventualité que les capitaux préexistants dont il vient. pour procurer des jouissances certaines.

Il en est de la possession des choses comme il en est du Droit. Pour donner une forme concrète à ce concept abstrait, il faut encore tracer un triangle rectangle dont le sommet est au centre du cercle universel et la base dans l'espace. Le sommet est occupé par la jouissance vers laquelle convergent { le travail passé (devoir) et le travail présent (devoir); mais le travail passé (capital) et le travail présent ne peuvent s'exercer que sur une base naturelle préexistante à l'existence de laquelle nul être humain n'a collaboré. Cette base, c'est la propriété, le Droit naturel de posséder, l'hypoténuse, les deux angles aigus égaux formés par les côtés latéraux : { le capital travail et le travail présent.

dont la somme égale un angle droit.

soit, l'angle droit : le droit de jouir ;

l'hypoténuse : le droit de propriété :

les deux angles aigus : { le droit de capital,
{ le droit de salaire.

En formule :

```
Le travail passé |
        et        | Droit de capital : 1/2 angle droit \
   la propriété   |  (propriétaire)     (bénéfice)       |
Le travail présent|                                      } = Jouissance : angle droit.
        et        | Droit de salaire : 1,2 angle droit   |
   le capital     |  (prolétaire)       (salaire)       /
```

Il faut remarquer que :

Le triangle est la plus simple, la plus élémentaire des figures géométriques qui détermine la superficie.

La jouissance est l'effet ultime de causes et d'effets suc-

cessifs remontant par *l'action* travail : { chaleur
{ et
{ lumière

sur *l'état* passif matière jusqu'à la base primitive : la propriété inculte et libre.

La manifestation de la jouissance serait donc le signe certain de la possession des capitaux, de la richesse.

Il résulte de cette démonstration ces faits fondamentaux :

La propriété naturelle est le patrimoine commun de l'humanité ; les capitaux sont des possessions individuelles légitimes auxquelles les lois sociales *doivent* assurer la sécurité ;

La sécurité (*droit*) impose des *devoirs* à qui elle profite :

L'intensité de la jouissance (sa hauteur triangulaire) donnerait la mesure exacte de la possession.

Dans l'enchaînement de ces causes successives, le degré *de capitalité* correspondant à chacune d'elles, serait révélé par leur position médiate ou immédiate relativement à leur élément synthétique : la jouissance.

C'est-à-dire que toutes les substances, quelle qu'en soit la nature, propres à donner à l'homme des jouissances immédiates, sont des capitaux réels, à des degrés divers, selon qu'ils occupent une position plus ou moins rapprochée de la jouissance, dans le triangle idéal dont elle est le sommet.

Ainsi les substances alimentaires, les produits fabriqués, les maisons d'habitation, les combustibles ; toutes les monnaies courantes, métalliques ou fiduciaires ; les meubles et les objets d'art ; la confiance, le crédit, etc., seraient des capitaux réels au premier chef ; les matières premières viendraient ensuite ; enfin tous les capitaux que les économistes ont considérés comme des capitaux *imparfaits*, des capitaux inachevés, des capitaux *non mûrs*, et qu'ils ont classés, pour ces motifs, sous la dénomination de capitaux-circulants, sont les véritables et seuls capitaux-réels.

Les produits issus de la combinaison des choses naturelles (propriétés) et du travail de l'homme, c'est-à-dire les agents naturels appropriés par l'homme : tout ce que les économistes désignent sous le nom de capitaux-fixes, — bien qu'ils soient commercialement aussi mobiles que les autres. — seraient. relativement aux capitaux-réels. des capitaux inférieurs. Leur valeur résiderait dans leur qualité de facteur du capital-réel et dans le plus ou moins de possibilité que ce facteur présente pour réaliser sa jonction avec l'autre facteur : le travail.

Cette classe comprendrait entre autres articles :

Le sol cultivé :

Les constructions industrielles, l'outillage, les machines ;

Les animaux d'élevage, d'exploitation, de boucherie :

Les navires, les chemins de fer ;

    etc., etc.,

La propriété naturelle, seule. n'est point un capital individuel.

Le travail, seul, n'est point un capital. Il ne peut *agir* que *sur le capital des autres*, et il est alors un signe de dépendance toujours, et, le plus souvent. un signe de misère.

Jouir pendant toute la vie est le signe de la richesse ;

Travailler pour les autres est celui de la pauvreté.

Ces deux aphorismes contiennent :

La constitution.

Le contrat social.

Le fondement de la morale,

Toute la science économique.

Que les économistes, les législateurs et les philosophes

cessent de berner les hommes avec leurs vaines et illusoires théories, trop compliquées pour être vraies et qui donnent de trop mauvais résultats pour être justes. La Vérité produit le Bien : l'Erreur, le Mal : c'est la loi inexorable de la Nature.

Pour que « l'homme cesse son action sur l'homme, » il faut que l'homme possède :

Pour que « l'homme exerce son action sur les choses, » il faut qu'il possède :

Pour que « l'homme approprie les agents naturels, » il faut qu'il les possède :

Pour qu'il possède, il ne faut pas lui enlever les moyens de posséder.

En résumé, voici le bilan et la loi de l'individu dans la société :

<pre>
                          (vivre   — se conserver)
               (naturel (et   et   ) naturel)
L'avoir   (et   (posséder — travailler   )   et   ) Devoir.
individuel est ((gouverner —   obéir   (social)
               (social   (et   et   )
                          (être défendu — défendre   )
</pre>

§ IX. — *Des droits naturels et sociaux d'après Proudhon.*

« La Guerre est un fait divin ; » « une révélation religieuse, » « une révélation de la justice, » « de l'idéal ; »

— 122 —

« la discipline de l'humanité. » « L'homme est plus grand
que nature. »

Il suffit de relater ces titres de chapitres (*La Guerre
et la paix*) pour se demander si ce sont des hommes sérieux qui ont honoré cet écrivain du titre de : le plus
puissant logicien de France.

Si l'histoire n'offrait le spectacle continu de la varia-
tion des opinions de l'homme et si l'on ne connaissait
de Proudhon que « *la Guerre et la Paix* » on ne verrait
en l'auteur de « la *Propriété c'est le Vol* » qu'un disci-
ple fanatique de Machiavel et de de Maistre : « de Maistre,
« dit-il, plus profond mille fois dans sa théosophie que les
« soi-disant rationalistes que sa parole scandalise ; de
« Maistre le premier qui a fait de la guerre une sorte de
« manifestation des volontés du Ciel. »

La campagne foudroyante de 1859 a révélé à ce fou-
gueux écrivain « le fondement inconnu du Droit, le type
des droits, le Droit naturel, qui est le Droit de la
Force. »

« On dit, écrit-il, Droit de la guerre, comme on
dit : Droit du travail, Droit de l'intelligence, Droit de
l'amour. »

Il ne suffit pas, pour être logique et prouver, de dire,
même « avec l'universalité du genre humain. » Si le
genre humain passé avait connu le Droit, le vrai Droit,
il est probable que le genre humain actuel en saurait
quelque chose et qu'il en ressentirait le bienfaisant
effet.

Ces «on dit» sont de pures affirmations dénuées de toute preuve.

En effet, le Droit, l'Avoir implique la jouissance. Il est un état acquis, conquis.

Le travail est une action passive, nécessaire, souvent pénible ; c'est-à-dire un *devoir*, qui, accompli, produit un *droit*.

Ainsi la logique impose inexorablement que : *le prétendu droit du travail* est un *devoir* et son produit, un *droit*.

Le même raisonnement s'ajuste encore mieux au *droit de la guerre*.

La guerre est si éloignée d'être un état de jouissance que « l'Universalité des hommes » qui la *subissent* et ceux qui la *soutiennent personnellement* la considèrent comme la plus abominable calamité qui puisse *affliger* un peuple. En même temps, elle est l'action la plus passive, la plus pénible et nécessaire en des cas légitimes ; le travail le plus rude que l'on puisse imaginer : elle est donc le plus important et le plus saint des *devoirs sociaux*.

La Paix est un *droit* : la Guerre, quand on veut le ravir, est un *devoir*.

La France *a* droit à l'Alsace et à la Lorraine : son *Devoir* est de les reconquérir.

Le Droit d'intelligence est une propriété acquise par le travail passé ; la jouissance personnelle en est la récompense. Mais tant que l'intelligence est tenue en réserve, elle ne produit aucune utilité à la société : tel un domaine que son propriétaire laisse en friche. A quoi nous sert

que vous soyez le plus intelligent des hommes si vous
êtes le plus paresseux des lézards ou le plus malfaisant
des crocodiles? Votre propriété intellectuelle, pour vous
donner un *droit externe*, a besoin du concours d'un nouveau facteur : le travail présent.

Le Droit de l'intelligence, selon Proudhon, veut que tout
homme puisse penser et s'instruire, croire ce qui lui semble vrai, rejeter ce qui lui paraît faux, discuter les opinions probables, publier sa pensée... »

Aucune puissance humaine ne peut empêcher cet homme d'accomplir ces actions de l'âme, *qui est libre :* mais
Proudhon ajoute :

« Obtenir dans la société, en raison de son savoir,
« certaines fonctions de préférence à l'ignorant, celui-ci
« fût-il d'ailleurs plus laborieux, plus riche, voire même
« d'une conduite plus morale. »

Erreur : ce choix appartient à la société parce qu'elle
paie des émoluments (devoir) à celui qu'elle en juge digne
et à qui elle reconnaît l'intelligence et les aptitudes propres à lui fournir le *droit* correspondant.

Le droit de l'amour est, entre les droits de Proudhon,
le plus original. Pour l'assurer, il faudrait certainement
avoir recours au Droit de la Force. Et voilà des droits
qui n'ont aucun devoir correspondant. C'est pourquoi ils
ne sont ni des Droits ni des Devoirs.

« La Conscience Universelle affirme sans hésiter la
réalité d'un droit de la guerre, par suite une juridiction
de la Force. »

Sait-on ce qu'est la Conscience Universelle?

« L'homme aspire, dit Proudhon, de toute l'énergie de son sens moral, à faire de sa supériorité physique une sorte d'*obligation pour les autres*; il veut que sa victoire s'impose à eux comme une religion, comme une raison, en un mot comme un *devoir*, correspondant à ce qu'il nomme son *droit*. Voilà en quoi consiste l'idée de guerre : voilà ce que ni Hobbes ni les autres n'ont jamais su démêler : mais sur quoi l'universalité du genre humain n'hésite pas. »

Voilà précisément, dit la Formule, en quoi consiste l'injustice : que Pierre se délecte dans la jouissance des droits pendant que Paul gémit dans la souffrance des devoirs. C'est cette interprétation constante que l'on a faite du droit et du devoir qui a créé les situations sociales actuelles.

Le profond logicien écrit : « droit imparfait » : ce qui est absurde : « droit pénal » « droit guerrier » : qui sont réellement des devoirs. Il estime niaise la théorie selon laquelle le droit naît du devoir.

Quand mon droit est violé, mon devoir est de faire la guerre ; quand cette violation n'existe pas et que je déclare la guerre, je commets une infamie : j'attente, par ma force, au droit des autres.

La force humaine n'échappe pas à la loi dualitaire ; elle est le produit de deux facteurs :

$$\left\{ \begin{array}{c} \text{la volonté} \\ \text{et} \\ \text{les muscles} \end{array} \right. \qquad \text{ou} \qquad \left\{ \begin{array}{c} \text{la volonté} \\ \text{et} \\ \text{l'intelligence.} \end{array} \right.$$

La volonté sans les muscles ou l'intelligence, *et vice-versa*, sont des non-valeurs.

La masse musculaire humaine, sans volonté parce qu'elle n'a pas l'intelligence, est une faiblesse, un géant aveugle qu'une minorité { voluntaire et intelligente } conduit.

La matière, les machines, les capitaux ne sont pas des forces, pas plus que la flûte la mieux réglée n'est la musique; ce sont des organes, des instruments inertes et passifs nés de la force, utilisés par la force de la volonté et de l'intelligence actives. On constate la chose dans tout ménage où le mari fort est une brute obéissante en même temps que sa faible femme, volontaire et intelligente, commande.

Par le droit de la force, Proudhon s'est rallié, sans le savoir, au principe qui a régi et régit encore les sociétés civilisées, amenant ainsi l'agitation permanente entre les hommes qui reposent et jouissent et ceux qui travaillent et souffrent. La force n'a servi qu'à rejeter sur la faiblesse le devoir qu'elle ne doit pas.

« Le droit de la force, dit-il, n'a jamais été reconnu, comme il doit l'être, *dans les masses.* »

Ce n'est pas à moi de reconnaître votre force : c'est à vous de me la manifester, si elle repose sur le droit. Mais l'essence du droit est de s'imposer pacifiquement; l'essence de la force, de s'imposer brutalement.

La féodalité était une association de forces contre la plèbe faible : le régime industriel, qui lui a succédé, est

une association de forces contre le prolétariat faible ;
le régime fiscal actuel est une association des forces in-
conscientes de *ceux qui ont* dans le but réalisé de faire
payer des impôts *qu'ils doivent à ceux qui n'ont rien.*

Ce n'est pas à la force qu'il appartient de faire cesser
cette injustice : c'est aux députés que vous nommez.

Le droit de la force, s'il était un droit, entraînerait des
iniquités qui répugnent à la force même : ainsi l'infirme,
le vieillard et l'enfant, ces faiblesses sacrées, seraient à la
discrétion de la force brutale : la femme intelligente et
distinguée devrait plier sous la virago corrompue. Faci-
les victoires de la force, lesquelles, loin de témoigner en
faveur du droit, affirmeraient le règne de l'injustice.

§ X. — *Des vertus et des vices.*
De la justice et de la morale.

Le Droit-Naturel)
     et   ne se bornent pas à indiquer la va-
le Devoir Naturel)
leur intrinsèque des droits et des devoirs sociaux. En
leur qualité de fondement de la morale, ils sont le thermomètre des vertus et des vices.

Tous les publicistes réclament la pratique de la justice
et de la vertu : ils nous en vantent sans cesse la valeur et
les beautés, mais sans nous dire jamais ce qu'elles sont
en elles-mêmes, où elles commencent, où elles finissent.

Dès l'instant que les savants n'ont pu tomber d'accord
sur la véritable définition du terme « Droit » et que, loin
de découvrir un fondement au « Droit-Naturel » la plupart
d'entre-eux en ont nié la réalité, il leur était difficile de définir et déterminer nettement l'un des dérivés de ce
Droit : la Justice.

Il semblerait même, si l'on devait considérer la citation
suivante comme une élucubration sérieuse plutôt que spi-
rituellement littéraire, que la Justice est encore une inconnue :

« Au sens philosophique, ce mot n'est rien : au sens vul-
« gaire, c'est la plus triste des vertus. Personne n'en
« veut. La Foi lui oppose la grâce, et la Nature, l'amour.
« Il suffit qu'un homme se dise juste pour qu'il inspire
« une véritable répulsion. La justice est en horreur aux
« choses et aux êtres. Dans l'ordre social elle n'est
« qu'une machine, indispensable sans doute, et par là
« respectable, mais cruelle à coup sûr, puisqu'elle n'a
« d'autre fonction que de punir et qu'elle met en œuvre
« les geôliers et les bourreaux....

«... Il cherchait la plus illustre des inconnues, la jus-
« tice de Dieu. C'est elle qu'il poursuivit à travers les
« générations des hommes, des animaux et des plantes,
« et par delà la cellule germinative jusque dans la nébu-
« leuse originelle. Vaine poursuite, qui fatigua plus d'un

« lecteur ! On se résigne, de guerre lasse, à ne pas saisir
« cette fugitive plus rapide que la lumière, qu'on annonce
« partout et qu'on ne trouve nulle part, pas même dans
« les cieux, théâtre éternel de carnage et de mort, où
« l'astronomie nous montre l'action impitoyable de ces
« mêmes lois de la vie par lesquelles le mal se perpétue
« sur la terre. » (Anatole France : le *Temps*, 5 juin 1887).

La « Justice » est encore un de ces mots courants que chacun lance à tout propos sans être bien pénétré de sa signification. Les définitions des philosophes sont ingénieuses ; mais ce sont des principes en l'air, parce que les lois philosophiques qui en dérivent sont dépourvues de sanction. Généralement ils aboutissent à des interprétations comme les suivantes :

Justice : *Vertu morale* qui fait qu'on rend à chacun ce qui lui appartient, qui fait respecter le droit d'autrui. »

« *Rectitude* que Dieu met dans l'âme. »

« Observation des lois divines et humaines. »

« Dispositions à nous conduire envers les autres comme nous voudrions qu'ils le fissent envers nous. » Etc.

Il n'y a pas une de ces propositions qui ne réclame un complément de lumière ou ne provoque un *pourquoi* auquel personne n'a répondu :

Qu'est-ce qui appartient à chacun ?

Qu'est le droit d'autrui ?

Qu'est la rectitude de l'âme ?

Que sont les lois divines et humaines?

Qu'est la loi même? Où est le critérium de sa valeur?

Se conduire envers les autres comme... : c'est-à-dire faire la cuisine à tour de rôle, cirer les chaussures de vos domestiques comme... : pourquoi?

Vertu morale : qu'est la morale, qu'est la vertu?

J. J. Rousseau parle sans cesse de la vertu — qu'il a si peu pratiquée — sans jamais la définir. Si la Justice, que la loi sociale peut imposer, est la vertu, la loi sociale pourrait donc *imposer* la vertu, la charité, le dévouement, le sacrifice, etc. ? Cela n'est pas possible.

Au point de vue de la morale, Kant condamne la Vertu, non seulement comme inutile, mais encore comme un danger : toute sa morale repose sur l'accomplissement du devoir. Il a bien dit ce qu'est le devoir : la morale, la justice; mais n'ayant dégagé de cette trinité que *le principe* et non *le fondement*, ce principe est resté stérile.

Schopenhauer, dont les conceptions philosophiques sont nées de l'envie immodérée que la gloire de Kant lui inspirait, faisait de la vertu, à l'instar de Jésus et de Rousseau, le principe de la morale. Cependant il confessait sincèrement que ce principe ne représentait que le *ce que c'est* des choses, et qu'au delà, au fond des fonds, il restait à découvrir le *pourquoi* des choses et des principes ; c'est-à-dire à résoudre le grand et l'éternel problème, réputé insoluble, du fondement de la morale. C'est sans doute parce qu'il a en vain recherché cette formule que cet esprit pénétrant et lucide a confondu la morale et la vertu, la justice et la charité, témoignant ainsi qu'il ne possédait aucune notion du droit et du devoir.

C'est parce que les principes connus de la morale et de la justice ne remplissent pas ces conditions qu'ils n'ont pas rendu, quoique excellents, les résultats que les philosophes en attendaient :

> « Ne fais de tort à personne... »

Pourquoi? En quoi consiste le tort? De quelle part me vient cet ordre de l'espèce judaïque? Sur quoi repose-t-il? Il n'est pas un devoir, puisqu'il ne correspond à aucun droit; il n'est pas un droit, puisqu'il est négatif.

> «.... Aide plutôt chacun selon ton pouvoir. »
> « Aimez-vous les uns les autres. »

Pourquoi aiderais-je? Qui m'y obligera, si je n'ai pas ce pouvoir? Et je ne l'aurai que quand il me plaira. Pourquoi, entre égaux, un aidé et un aidant? Pourquoi consacrer par un principe cette inégalité? Le ventre de l'un, qui a faim, ne peut attendre la fantaisie du second, repu ; il faudra donc qu'il le recherche et le provoque; qu'il mendie.

L'action de s'aimer mutuellement, outre qu'elle est rare en dehors de la famille et des sexes, ne possède aucune puissance d'amélioration sociale. Les gueux vivent entre eux ; mais ils ne peuvent que se consoler platoniquement.

« N'agis que d'après des maximes dont tu puisses aussi bien vouloir qu'elles deviennent une loi de tous les êtres raisonnables » (Kant).

Il n'y a qu'une difficulté, mais elle est capitale : c'est que les maximes qui conviennent aux uns déplaisent aux autres. Dans toutes ses actions, l'homme est entraîné par un mobile : l'intérêt, ou matériel ou spirituel. Ainsi, on peut souhaiter, sans se déshonorer, que la superficie de la Terre, de par la loi universelle, soit propriété collective et que son produit appartienne entièrement aux hommes qui la cultiveraient ; mais cela ne ferait pas l'affaire de ceux qui ont horreur de ce travail, ni celle de ceux qui la possèdent ; le prolétaire, qui n'a rien à garder ni à défendre, voudrait, avec raison, la suppression du service militaire : le propriétaire le repousse absolument. Ce serait une disposition admirable que les produits du monde entier circulassent librement, comme l'air et la lumière ; mais elle contrarierait quelques individualités qui les produisent.

La Vertu même, dont la charité est l'un des plus beaux ornements, ne pourrait être érigée en loi universelle ; car la charité, quand elle n'est pas pratiquée avec discernement, encourage et engendre la paresse et l'égoïsme, qui sont des vices. Si la charité était universelle elle engendrerait la misère universelle.

Il faut être d'une belle force pour décider qu'une maxime puisse devenir universelle, et si les philosophes et les législateurs ne sont point parvenus à en découvrir une seule, il n'y a pas lieu d'espérer que le premier venu réussira mieux qu'eux dans cette entreprise. D'ailleurs, si ce principe peut être d'un usage commun, pourquoi Kant n'a-t-il pas indiqué un seul exemple de la possibilité de son application ?

« La justice, dit Proudhon, est le respect de notre
« propre dignité, le respect de notre âme, respect qui
« nous saisit à la vue, non-seulement de ce qui nous
« souille et nous offense, mais de tout ce qui offense et
« souille notre semblable. »

La Formule reconnaît là une impression mélangée de pudeur et de pitié, mais non une définition de la justice.

« La justice dit encore le même auteur, n'est point un commandement intimé par une autorité supérieure à un être inférieur..... Appuyée sur les conclusions de la nécessité et de l'intérêt, la justice n'est qu'une *fiction* de l'entendement, et la société, un état instable. »

La justice philosophique consiste dans l'accomplissement de *l'unique loi universelle* qui régit l'humanité ; dans la loi, noyau des lois, que Kant n'a pas indiquée.

Le seul droit indiscutable, capable de réunir l'unanimité du genre humain c'est la Vie. La destruction de ce droit entraîne la perte de tous les droits.

La Vie est le droit individuel par excellence, commun à tous les hommes. Il est naturel parce que, octroyé par

la Nature, il est le seul, entre les droits, qui soit antérieur aux lois sociales et même au devoir inséparable du
droit.

Tout droit social dérivant du droit de vivre : tout droit
étant inséparable d'un devoir, et le devoir correspondant
au droit de vivre étant le devoir de se conserver, il en résulte que tout ce qui porte atteinte au devoir que l'homme
doit de se conserver est une atteinte au droit qu'il a de
vivre, par conséquent une injustice.

Le premier facteur de la justice philosophique est donc
de respecter la Vie humaine, propriété naturelle et individuelle, droit : non-seulement en nous, puisque nous devons le devoir de la conserver, mais encore chez les autres, puisque, ce faisant, nous attenterions à leur droit le
plus précieux, *au générateur* de leurs droits sociaux, à
leur droit naturel de vivre.

Mais le devoir de se conserver implique la nécessité,
le devoir de travailler ; et le devoir de travailler implique
à son tour le droit de « propriété », c'est-à-dire une
quantité déterminée des éléments naturels, indispensables à l'accomplissement du devoir de travailler.

Le second facteur de la justice philosophique est donc
le respect de la propriété naturelle, à l'exploitation de laquelle tout être humain *a* droit pour remplir le devoir
de travailler qu'il *doit*.

La fraction de *Vie* que la Nature accorde au phénomène ne peut se maintenir sienne qu'autant que ce phénomène est doué d'une *volonté* reconnaissant la nécessité,
l'obligation de se conserver.

C'est-à-dire, d'un côté un élément, un état, un droit abstrait ; de l'autre, un principe d'action, un devoir abstrait.

Mais
{ le droit abstrait : la vie
et
le devoir abstrait : la volonté de la conserver.

n'ont de raison d'être qu'autant qu'ils sont unis
{ à la matière concrète : propriété naturelle
et
à la matière organique : le corps humain.

La propriété naturelle est un état passif inerte, un droit,
le corps humain est une action nécessaire, un devoir.

L'action humaine c'est
{ le travail nécessaire
sur
la matière passive.

Elle ne se manifeste que dans le but unique de satisfaire
{ le devoir de conserver
le droit de la vie.

Le respect de la vie et de la possession ne se peuvent manifester humainement que par la reconnaissance du *droit* à quiconque en accomplit le *devoir* correspondant : donc la justice philosophique réside toute entière dans cette formule :

Tout devoir accompli « acquiert » un droit.

Par suite, la pratique de la justice est « un commandement intimé à l'homme par une autorité supérieure » à toutes les autorités humaines; par une autorité qu'il ne peut méconnaître, parce qu'il la porte en lui-même et qu'il en est harcelé sans relâche ; par l'autorité de sa propre nature, « appuyée sur son intérêt » primordial, qui l'oblige implacablement à conserver sa vie.

La justice philosophique, loin d'être « la *fiction* de l'entendement » que concevait Proudhon, est la réalité vers laquelle convergent toutes les réalités morales.

La justice philosophique a pour sanction la mort des individus qui n'accomplissent pas leur devoir : et c'est quand cette terrible sanction ne frappe pas les individus coupables que « les sociétés sont des états instables. » La justice est un thermomètre sur lequel le devoir marque zéro. Au-dessus de ce degré il marque la vertu libre ; au-dessous, l'injustice. Il faut que l'état croule, c'est-à-dire revienne au devoir, quand le vice injuste l'emporte décidément sur la vertu.

La justice sociale ayant le même fondement, respecte aussi la vie ; car le droit naturel et son devoir n'abandonnent jamais l'homme. Les sociétés n'ont d'autre raison d'être que celle de l'étayer et protéger.

Elle est le respect du capital, parce que le capital est

le produit légitime { d'un travail passé et de la propriété naturelle ;

ou tout au moins, à défaut de cette noble origine, la possession individuelle consacrée par les lois que les hommes, consciemment ou inconsciemment, par faiblesse ou par force, ont consenties.

L'état social est un état dérivé de l'état de nature ; la justice sociale est un dérivé de la justice naturelle ; tous les droits sociaux sont dérivés du droit naturel :

ainsi il n'y a réellement qu'une justice, qu'un droit et qu'un état, qui est l'humanité.

Toutes les eaux de la terre accomplissent le devoir de descendre vers l'Océan : mais en réalité c'est pour remonter vers leur source unique : l'atmosphère : de même la justice sociale doit remonter à sa source « tout devoir rempli *acquiert* un droit.

Dans l'état de nature, l'ascension est facile : tout individu possède : il n'a besoin pour vivre que de travailler.

Dans l'état social, le voyage est plus laborieux : la route est si longue, si accidentée, contournée et obscure : les philosophes ont tracé tant de voies divergentes, mal éclairées, vers la source mystérieuse, que la pauvre justice sociale, mille fois trompée, dut succomber en chemin.

Il faut dire aussi que la justice est si exigeante et sévère avec cet implacable devoir qu'elle impose ! Et il est si doux de ne rien faire ! Il doit être si agréable, quand on a la puissance et la jouissance des droits, de se pénétrer qu'on est pétri d'une qualité de pâte qui n'a rien de commun avec celle qui constitue la structure des prolétaires chargés des devoirs. Quelle différence encore entre la constitution du facteur immatériel d'un individu qui *repose* et celle d'un individu qui *travaille :* l'un est sucré, confit de manières distinguées qui lui assurent partout un brillant accueil ; l'autre, en dehors de ses pareils, est un lourdaud *commun*, que la dépendance fait humble, et qu'un individu *bien né*, rougirait de saluer complétement. Plus les hommes ont la jouissance de droits sans devoirs, plus ils sont honorés ; plus ils sont chargés de devoirs sans droits, plus ils sont méprisés. On n'a jamais vu décorer. dans l'ordre civil. un homme pauvre. Être le fils de certain père est le plus glorieux des titres ou le plus infâme des déshonneurs.

Et toutes les institutions sociales concourent à maintenir et justifier cet état de choses :

La religion dit : souffre, travaille, ton royaume n'est pas de ce monde ;

La philosophie dit : dévoue-toi. sacrifie-toi, adapte-toi ;

La science dit : il n'y a pas de remède ;

Les législateurs ajoutent : payez.

Toutes les sociétés *civilisées* sont composées de deux classes :

1° Les individus qui possèdent les capitaux matériels et les propriétés qu'ils ont eu le loisir de cultiver. Ils reposent :

2° Les individus qui ne possèdent rien. Ils travaillent, conservent la vie des premiers et, péniblement. la leur.

Les choses impliquent des dépenses.

Un sauvage estimerait que le paiement en incombe à *ceux qui les possèdent ;* les sociétés civilisées ont jugé qu'il incombait à *ceux qui n'ont pas ces choses, à ceux qui les produisent pour les autres.*

Celui qui possède la vigne en boit le produit moyennant l'impôt sur la vigne ;

Celui qui a les capitaux boit la quintessence du produit de la vigne. moyennant un impôt d'environ 3 ou 4 p. 0/0 de la valeur ;

Celui qui n'a ni vigne. ni capital, ni rien du tout, boit la dernière piquette moyennant des impôts dont le total atteint environ 50 p. 0/0 de la valeur de sa boisson.

Tout le système fiscal aboutit à ces résultats : L'impôt progressif à rebours et la justice sociale à l'envers.

Et l'état social, relativement à l'état de nature, étant renversé, il faut. pour appliquer judicieusement la justice aux droits sociaux. renverser la formule de la justice philosophique : tout devoir *acquiert* un droit, et dire : *tout droit social « doit » un devoir.*

Et l'application facile de cette formule aboutit à ce sempiternel résultat :

« Celui qui *a doit* l'impôt.

§ XI. — *De la Vertu et du Devoir.*

La morale individuelle, c'est la pratique *libre* de la Vertu ;

La vertu a deux mobiles :
- l'intérêt personnel spirituel
- et
- l'intérêt altruiste.

jamais l'intérêt personnel matériel.

Le devoir a deux mobiles :
- l'intérêt personnel matériel
- et
- l'intérêt personnel spirituel.

La morale sociale c'est l'accomplissement *nécessaire* du Devoir.

La moralité du devoir résulte de ce qu'en faisant son devoir, l'homme respecte le droit des autres : en s'abstenant de faire son devoir, il attente au droit des autres puisqu'il vit à la charge des autres.

Toutes les œuvres qui se réclament de la Vertu : la charité, le patriotisme, la fraternité, le dévouement, etc., doivent s'accomplir en plein exercice de la liberté : or, il n'y a de libre en l'homme que sa pensée. C'est pourquoi nulle loi humaine ne saurait l'imposer et pourquoi les théories d'organisation, fondées sur la vertu, sont des utopies irréalisables.

La Vertu a des degrés : le Devoir est ou n'est pas. Les lois peuvent l'imposer parce qu'il n'appartient, par sa nature, ni au vice, qui est un attentat au droit, ni à la vertu, qui est essentiellement libre.

Les degrés variables de la vertu se mesurent et comparent sur la stabilité du devoir. Tout acte qui le dépasse en perfection : c'est-à-dire, qui est accompli librement, sans intérêt *matériel* personnel, au profit d'un patient altruiste, est un acte vertueux.

Par exemple, la charité cesse d'être vertu quand elle est faite publiquement dans le but d'en retirer des honneurs, de la considération, de la clientèle ou des fonctions lucratives. Elle est une simple spéculation.

La Vertu est plus élevée, plus méritante que le Devoir; parce que celui-ci est obligatoire et que celle-là est volontaire. La Vertu agit sans espérance de droit; le devoir est inséparable du droit.

Le devoir donne à l'âme une tranquillité, une satisfaction modeste. presque indifférente : «je n'ai fait que mon devoir ; » la vertu lui donne probablement une émotion suave, que perpétue plus ou moins le souvenir. Je me figure que les âmes vraiment vertueuses doivent éprouver des émotions très spéciales où l'ensemble des sens, frissonnant doucement. se meuvent et fonctionnent en un accord parfait. On doit boire et manger, dormir et rêver mieux quand on a fait une bonne action, sans aucun mobile d'intérêt matériel ; une action qu'on pouvait ne pas faire et que le patient lui-même ignore. La vertu doit donner sans doute la plénitude de la jouissance. Voilà pourquoi les indulgences papales dégoûtent. Quel beau mérite de faire un troc où l'on a tout à gagner ! De racheter, moyennant quelques patenôtres, la tranquillité d'une conscience coupable !

Je n'ai jamais pu comprendre pourquoi Kant et Schopenhauer ont qualifié la Vertu de devoir *imparfait*. Il me semble plutôt qu'elle est sans conteste un devoir *plus que parfait*.

§ XII. — *De la Charité et de l'Égoïsme.*

Egoïsme : de *ego* : moi.

Quand on dit : l'égoïste « fait rapporter tout à soi » on ne définit rien ; car, que signifie rapporter *tout* à soi?

Quand cette conception reste à l'état de sentiment. de projet, d'envie.elle est inoffensive :

Quand. passant à l'action. elle jouit du produit de son propre travail, du fruit des peines endurées, elle est un droit.

Quand l'action s'étend jusqu'à l'appropriation coupable des choses appartenant aux autres, elle n'est plus de l'égoïsme : elle est un vol.

Philosophiquement. *Égoïsme :* « Ensemble de penchants ou d'instincts qui servent à la conservation de l'individu. »

Physiologiquement : « les penchants qui servent à la conservation de l'individu et à son intérêt personnel. »

C'est l'expression catégorique du premier devoir de l'homme. Nous sommes tous forcément égoïstes, et ne pouvons pas ne pas l'être. Quand nous affectons des prétentions contraires. nous affirmons l'orgueil et l'hypocrisie qui nous possèdent ; quand nous appuyons ces prétentions sur des actes, nous justifions l'égoïsme des autres.

C'est parce que les hommes ont manqué d'égoïsme que le Droit-Naturel est méconnu. Si tout individu, dans la société, avait le droit de jouir des éléments que nul homme n'a faits :

la chaleur) l'atmosphère)
   et   et   la charité n'aurait plus de
la lumière) la matière,)

raison d'être, puisqu'il n'existerait d'autres malheureux que les paresseux. Si chacun possédait les éléments nécessaires du travail, la charité envers les gens valides deviendrait inutile. La charité n'existe donc que pour corriger un vice social qui n'est pas l'égoïsme, mais bien la spoliation du Droit-naturel de posséder, que les institutions sociales ont consacrée.

Les uns prêchent l'horreur de l'égoïsme parce qu'ils ont besoin du dévouement des autres, parce qu'ils pratiquent l'égoïsme à son plus haut degré d'intensité qui est de vivre *sans travailler*, de jouir des droits sans en remplir les devoirs. Les institutions sociales n'ont d'autre but que celui de protéger l'égoïsme des gens qui ne font rien.

La plus sensible mortification que puisse recevoir un homme est celle de *subir*, par nécessité, l'aumône. Il en est qui préfèrent la mort plutôt que cette honte, et la misère intéressante, quand le travail lui fait défaut, s'y résigne lentement. Le théâtre et les romans sont remplis de ces situations qui émeuvent toujours, parce qu'elles font éclore ce sentiment involontaire et naturel de pitié, que commande exclusivement l'injustice *imméritée*.

Comment la noble charité qui donne peut-elle causer de la honte à ceux qui reçoivent ? Pourquoi une cause unique produit-elle des effets contraires ? C'est parce que la cause est anti-naturelle, parce qu'elle est condamnée par la Nature. Et si recevoir est avilissant, pourquoi encourager l'avilissement ?

Mais l'habitude émousse les sensations. C'est ce qui

explique ce fait social que la clientèle de la charité augmente toujours. Une véritable industrie naît généralement de cette situation et profite aux fainéants, aux hypocrites, aux effrontés, qui ont perdu la honte, plutôt qu'aux malheureux sans force pour travailler.

La charité est un bien en ce qu'elle atténue une souffrance présente ; elle est un mal, quand, exercée sans discernement, elle encourage la paresse, d'où naîtront les souffrances futures.

L'horreur de l'égoïsme est l'invention la plus infernale que des hommes aient imaginée pour corrompre, tromper et démoraliser les autres.

En effet, *l'horreur de l'égoïsme* étant la charité, et la charité étant de sa nature *libre*, il s'ensuit qu'on peut prêcher la charité sans être, pour cela, dans l'obligation de la pratiquer. Aussi peut-on se convaincre facilement que ceux-là qui se font les apôtres du dévouement, du sacrifice, de la charité sont précisément les mêmes *qui en vivent* sans remplir le devoir de travailler autrement que par cet enseignement commode.

Ce sont des égoïstes payés pour professer l'horreur de l'égoïsme ; c'est-à-dire pour inspirer la résignation à un état de choses dont le maintien profite à d'autres égoïstes qui, en apparence, sont censés les entretenir et les payer, mais qui, en réalité, par le système des contributions indirectes, rejettent ce paiement sur ceux qui ne possèdent rien.

La charité, l'égoïsme, la religion, la philosophie et l'intelligence sont des éléments admirables quand ils ont pour but de faire aimer et pratiquer le *travail ;* ils sont des instruments perfectionnés de corruption quand ils produisent le contraire. La méchanceté est moins commune chez *l'ignorant pauvre* qui travaille, que chez *l'intelligent pauvre* qui est oisif.

La morale doit être à la portée de tout le monde : du riche et du pauvre, du savant et de l'ignorant.

Il ne se peut pas qu'elle soit une exception, inaccessible pour le plus grand nombre, comme la charité, ou occasionnelle, comme la vertu. Ne nous donnons pas ces airs de vouloir escalader le Ciel par des sacrifices ; faisons simplement notre devoir, qui consiste, pour les pauvres, à travailler utilement ; pour les riches, à ne pas charger les travailleurs de leurs propres charges, ce qui rendra la charité superflue.

L'égoïsme n'est pas l'intérêt. L'intérêt est le mobile unique des actions humaines. Il est moral ou (immoral) juste ou injuste : c'est toujours le grand problème, dont la solution est dans

le Droit

et

le Devoir.

L'égoïsme, comme le devoir, comme la justice, n'est ni bien, ni mal. Sur l'échelle thermométrique de la Vie individuelle, il occupe le point intermédiaire, le zéro degré qui sépare le Vice de la Vertu. Le devoir naturel, guidé par la conscience, l'y maintient ; le devoir social lui commande de défendre cette position contre les attaques du vice altruiste ; la justice sociale l'y ramène.

Si chaque individu défendait son égoïsme :

Si chaque individu faisait son devoir ;

Si les lois protégeaient réellement l'un et l'autre, nous vivrions sous le règne de la justice.

On comprend les mobiles qui portent les hommes ayant horreur du devoir à prêcher l'horreur de l'égoïsme ; mais que les philosophes les plus éclairés se soient constitués de bonne foi les collaborateurs de ces docteurs intéressés et qu'ils aient donné leur adhésion à une doctrine perverse et immorale, on ne s'explique ce phénomène que par leur méconnaissance accusée du fondement de la morale.

« L'Égoïsme, dit Schopenhauer, est enraciné *dans le centre* même de l'être, dans son essence : il est cette essence même. L'égoïsme ne souffre pas de bornes ; c'est d'une façon absolue que l'homme veut conserver son existence, rester exempt de toute souffrance, et parmi celles-ci, il compte tout ce qui est manque ou privation. Tout ce qui s'oppose à son égoïsme excite son mécontentement, sa colère, sa haine. L'égoïsme est gigantesque, il déborde l'Univers. Donnez à un individu le choix d'être anéanti ou de voir anéantir le reste du monde : je n'ai pas besoin de dire de quel côté, le plus souvent, la balance pencherait. Tels sont les éléments dont l'égoïsme, cette plante née de la volonté de vivre, se nourrit. Ainsi se creuse, entre chaque homme et son voisin, un large fossé. Si parfois un de nous vient à sauter pour aller au secours de son voisin, c'est un cri : au miracle ! c'est un étonnement ! des éloges ! La politesse, sa feuille de vigne, est une négation systématique de l'égoïsme : c'est une hypocrisie acceptée, reconnue, qui n'en est pas moins imposée, louée : car ce qu'elle cache est une chose si repoussante, l'égoïsme, qu'on ne veut pas le voir, même quand on sait bien qu'il est là-dessous ; de même pour les objets déshonnêtes, on veut au moins savoir qu'ils sont recouverts d'un voile. L'égoïsme, voilà donc le premier et principal ennemi, mais non le seul, qu'ait à combattre le *motif moral.* » (Schopenhauer. *Morale.* § 14.)

Ainsi, Schopenhauer reconnaît que l'Égoïsme est la nature, le fond, *le centre, l'essence même de l'homme;* qu'il est universel, indéracinable, *gigantesque,* inné ; et ces colossales proportions ne lui inspirent pas la pensée qu'il est une loi naturelle, nécessaire, indispensable ! Que si, en l'état, il donne des résultats néfastes, il faut peut-être les attribuer à ce que les hommes ont méconnu cette loi naturelle : les uns, en manquant totalement d'égoïsme et les autres, en l'accaparant jusqu'à l'injustice. Et le grand philosophe allemand s'emballe et déclare que l'égoïsme est un vice *épouvantable, repoussant, déshonnête, ennemi principal de la morale !*

C'est qu'il entrait dans son système de fonder la morale sur la justice et la charité, sur la charité surtout ; sur cette action très-exceptionnelle de « sauter le large fossé » et qui fait *crier au miracle.*

C'est tout au moins une singulière résolution, qu'entre une loi de pratique accidentelle et *miraculeuse* et une loi de pratique universelle incontestable, le philosophe, pour diriger l'humanité, fasse élection de la première. Alors l'humanité n'est plus que le jouet d'une nature menteuse

et la réalisation du bonheur et du progrès, vers laquelle
elle aspire, ne dépend plus de la justice, mais du hasard.

Il est aussi insensé, en philosophie, de revenir à des
systèmes essayés, dont l'inefficacité s'est affirmée certaine,
qu'en politique, de renommer sans cesse des députés et
des ministres qui, au pouvoir, ont donné des preuves de
« n'avoir rien dans le ventre. »

Voilà dix-huit siècles qu'un homme a dit : Sauvez-vous
par la charité. « Depuis dix-huit siècles, des égoïstes incons-
cients prêchent aux hommes cette funeste doctrine et,
chose significativement étrange ! c'est dans les pays où
l'on y croit le plus que la paresse et les mendiants pullu-
lent. La véritable civilisation d'un peuple est en raison
inverse de l'abondance de ses pauvres, degré pour degré :
partant, en raison inverse du chiffre de sa charité. Plus il
est nécessaire de secourir des malheureux, plus la société
est coupable. L'âge d'or régnerait sur un pays où la
charité privée serait méprisée et superflue. C'est à la
société d'organiser, en prélevant sur l'impôt, l'entretien des
faibles, des invalides ou incapables. La charité doit être
anonyme.

M. H. Spencer repousse la charité de l'État sous la raison
spécieuse qu'ainsi exercée la charge, en retombant principalement sur les contribuables peu aisés, leur enlève des
moyens indispensables et les réduit eux-mêmes à l'état
de pauvres. C'est-à-dire que l'impôt secourrait la classe
la moins intéressante au point de vue social et au détriment de la plus laborieuse et méritante. Dans tous les

pays on constate un accroissement constant du nombre
des pauvres exactement parallèle à l'accroissement du
budget qui leur est consacré : preuve évidente de l'influence néfaste que la charité exerce sur la moralité.

Là, précisément, est le nœud du problème. Si la pratique de la charité aboutit au mal, celle de l'égoïsme
aboutirait au bien, puisque celui-ci est généralement considéré, (à tort) comme étant spécialement *l'antinom* de
la vertu-charité. Que les égoïstes qui ont la lâcheté d'accepter l'aumône en ressentent un bien immédiat, et qu'en-
couragés dans leur paresse, il leur échoie, par la suite, un
mal inévitable : c'est une responsabilité à régler entre eux-
mêmes et la charité éventuelle. L'État n'a rien à voir
dans ces opérations privées. Mais l'État, quelle que soit
la majorité qui l'autorise, ne peut avoir le droit de soustraire à un contribuable ce que celui-ci n'a pas consenti,
ce qui lui est nécessaire, le produit de son travail pour le
donner à qui n'a rien fait pour le produire. Celui qui travaille acquiert au moins la vie ; celui qui ne travaille pas
doit souffrir. Dans le chaos des lois qui régissent les sociétés ; dans l'ignorance philosophique où sont tombés
les hommes, les majorités les plus honnêtes se voient dans
la nécessité de voter, malgré le sens commun, des lois
injustes. Pourquoi faire payer les impôts qui incombent
à la propriété, au capital à ceux qui n'ont ni capital ni
propriété? Pourquoi frapper d'impôt les choses nécessaires
à la vie, sinon pour en augmenter la valeur au profit de
qui les possède, pour prélever ce surplus sur le salaire
de ceux qui les produisent? Ce sont réellement les pauvres

qui font la charité aux riches. Ce sont réellement les riches qui pratiquent, non l'égoïsme, mais l'injustice. Ce sont ceux *qui ne doivent rien* qui paient les dettes de *ceux qui doivent tout.* La charité qu'on fait n'est pas la cinquième partie de la restitution qu'on doit. On rend un œuf parce qu'on a dépouillé d'un bœuf. Et par surcroît, ce genre de charité pose: on est signalé à l'admiration universelle. Ce sont des étonnements, des éloges, un seul cri, bien rarement poussé: au miracle !

La bienfaisance régulière et privée dispose chaque année, en France, de centaines de millions répartis à ceux qui ont besoin : n'est-il pas étrange que ces magnifiques secours ne soulagent peut-être pas la moitié des misères auxquelles ils sont destinés. La protection des choses, par la douane et les contributions indirectes, reprend au malheureux la plus grande partie de la charité qu'on lui fait et l'aumône même contribue à assurer un bon prix des choses.

Vous affirmez que nos salaires et votre charité sont proportionnels à vos bénéfices : qu'en savez-vous ? Que vous importe, alors, de changer votre système, si vous n'en retirez aucun avantage ? Nous ne savons pas calculer. Nous voulons les produits de notre travail *au cours de l'univers.* Nous garderons vos propriétés ; nous ferons fructifier vos capitaux ; nous cultiverons vos champs ; nous ferons fonctionner vos machines, circuler vos marchandises : nous extrairons de la terre le produit de vos mines : nous vous bâtirons des palais : nous ferons enfin ce que vous ne voulez pas faire, ce sans quoi *vous ne pouvez pas vivre,* ce sans quoi vos propriétés *ne valent rien.* Pour ces labeurs nous ne voulons que le *sol tire net :* nous repoussons votre charité : reposez-vous : ayez tout : organisez, à votre gré, votre sécurité. mais payez-en les frais. Est-ce juste ?

M. H. Spencer reconnaît que « l'égoïsme a du bon et l'altruisme aussi. » « L'altruisme absolu dissoudrait l'organisation sociale existante. » Et fidèle à sa méthode scientifique de conciliation et d'adaptation, il en arrive à conclure que tout est bien et qu'il ne nous reste que la nécessité d'accorder les deux principes par une continuelle transaction ; c'est-à-dire d'agir alternativement de deux façons contradictoires.

Cependant M. Spencer ne démontre pas, et pour cause, que l'égoïsme absolu serait capable de *dissoudre l'organisation sociale.* En effet, il est impossible de démontrer en quoi la défense absolue de ce *qu'on a* peut être nuisible aux autres. En quoi la conservation de ce que nous *avons produit* sans l'aide de personne, ou réservé pour notre jouissance exclusive. ou détruit capricieusement même, en quoi ces résolutions peuvent-elles être dommageables à ceux-là qui reposaient, qui se couchaient au soleil, pendant que nous, sans qui la chose n'existerait pas, nous trimions, suions et travaillions pour les produire ?

Les seules conséquences de mon égoïsme outré seraient de contraindre les hommes au travail, au devoir, à la moralité, sous peine de privations méritées et même au châtiment volontaire de la mort, seul moyen légitime d'opérer cette sélection chère à **M. Spencer**, pour amener le perfectionnement des races.

M. Spencer a écrit vingt volumes extrêmement intéressants pour démontrer que les sciences se généralisent en une Science ; les forces, dans la Force, et les lois, dans la Loi.

Il est le premier sociologiste du monde.

Cependant, il aboutit à cette conclusion dans la question qui nous occupe : l'Égoïsme a du bon et l'altruisme aussi. La religion de la haine et la religion de l'amour, dit-il, ont respectivement des qualités appréciables. Il ne s'agirait que d'en équilibrer, dans la pratique, le fonctionnement.

C'est-à-dire que l'homme, pour se conformer à la loi sociale de M. Spencer, devrait concilier deux sentiments inconciliables : la haine et l'amour altruistes ; c'est-à-dire deux sentiments qui ne peuvent se traduire en acte qu'alternativement ; deux causes opposées qui ne peuvent produire que des effets opposés ; *deux lois sociales contradictoires* qui ne peuvent amener que deux résultats sociaux contradictoires.

L'erreur des philosophes et l'horreur de l'égoïsme viennent de cette considération : que l'altruisme a pour contraire l'égoïsme ; or, l'altruisme se manifeste de deux

manières
{
l'altruisme — charité — bien — amour — vertu
et
l'altruisme — vol — mal — haine — vice.

L'égoïsme, qui est un, indivisible, n'est ni l'une ni l'autre de ces manifestations altruistes :

Rapporter *à soi* ce qui *est à soi* est l'égoïsme : le droit.

Rapporter *aux autres* ce qui *est aux autres* est le devoir :

Rapporter *aux autres* ce qui *est à soi* est la charité :

Rapporter *à soi* ce qui est *aux autres* est le vice.

Quand la justice sociale oblige *les autres* à rapporter *aux autres* ce qui leur appartient, elle ne fait que confirmer l'égoïsme de rapporter à des *soi* ce qui est à ces *soi*.

Égoïsme, devoir, droit et justice sont synonymes.

§ XIII. — *Liberté, Égalité, Fraternité.*

La liberté naturelle consiste dans le droit que l'homme *a* de jouir de ses droits ; et comme il n'existe aucun droit sans l'obligation absolue d'un devoir, l'homme ne possède réellement aucune liberté.

L'homme ne serait donc véritablement libre qu'à la condition de jouir du droit sans en accomplir le devoir ; c'est-à-dire quand il cesserait d'être honnête.

Eh quoi ! la substance universelle et la généralité des phénomènes obéissent : la Terre ne peut ne pas tourner sur elle-même : l'eau ne peut se soustraire à la nécessité de rechercher son niveau, l'atmosphère, son équilibre : la végétation ne peut se dérober au travail et nous, infimes, nous aurions la prétention d'être libres ! Nous pourrions développer notre *matière*, cultiver notre *esprit*, conserver notre vie sans travailler !

Notre corps est toujours l'esclave, soit de la Nature, soit de lui-même, soit des autres hommes : mais son âme, son soleil est absolument libre : nul ne peut assigner de bornes à la pensée : nul ne peut lui commander ni l'assujettir par la force matérielle. C'est librement que l'âme est convaincue par une autre âme. Il y a plus de naïveté, de mauvaise foi que de raison dans la revendication de la Liberté de pensée ou de conscience.

On lit tous les jours, je lisais hier dans le *Matin* :

« On nous dispute la *liberté de penser* en nous refusant la *liberté de croire*. »

Aucune puissance divine ou humaine n'est capable de réaliser ces entreprises.

Ce que vous entendez par *penser* et *croire* n'est pas même *enseigner* ce que vous croyez et pensez ; car personne, si vous payez les frais de votre propagande, ne songe à vous l'interdire. Ce que vous entendez par ces libertés *de penser* et *de croire* c'est le droit de nous *imposer* les frais que leur enseignement entraîne, à nous contribuables, qui repoussons vos pensées et vos croyances, à nous qui les considérons, pour nos enfants, comme un empoisonnement.

Est-ce que nous avons, nous, la prétention de vous imposer nos croyances ?

Pensez et croyez ce que vous voudrez ; enseignez-le même ; mais payez.

La liberté sociale est
la pleine jouissance des droits
      par   sociaux.
l'exercice obligatoire des devoirs

La liberté sociale est sous la dépendance de la justice philosophique et sous la dépendance de la justice sociale ; car rien ne peut dispenser l'homme de travailler pour lui-même et rien ne peut le dispenser de travailler pour la société.
S'il possède il doit produire ;
S'il possède il doit garder.

Le concept le plus positif de la liberté sociale est celui qui la présente comme opposée à l'esclavage ; c'est-à-dire travailler volontairement, pour soi ou pour les autres, se reposer, choisir le genre de travail, acquérir, posséder les choses :
mais alors payer pour les faire produire
et payer pour les faire garder et défendre.

Droit, Devoir, Loi, Liberté sont des synonymes. La limite du droit c'est le devoir ; la limite de la loi c'est le droit ; la limite de la liberté c'est la loi. On ne viole la loi que quand elle-même viole le droit. Il n'y aura plus de violation possible de la loi quand le droit sera nettement déterminé ; partant plus de nécessité de la justice sociale puisque la justice philosophique règnera.

Depuis cent ans nous avons conquis un grand nombre de libertés : de penser, de travailler, de publier, de commercer, de réunion et d'association, etc. etc : pour la solution de la question sociale. elles sont du vent. A quoi ont-elles servi, qu'ont-elles amélioré, qu'y a-t-il de changé dans la situation sociale?

Avant ce temps la noblesse et le clergé ne payaient pas d'impôt. Aujourd'hui la noblesse. le clergé. le financier. l'industriel. le commerçant. le propriétaire. ne paient pas les impôts *qu'ils doivent :* donc la part d'impôt que le prolétaire paie et qu'il *ne doit pas* a été considérablement augmentée. Le Tiers-état a gagné ce que le prolétaire a perdu : la noblesse et le clergé sont sortis de la crise indemnes.

Les libertés individuelles sont appréciables : la liberté des choses l'est davantage. Jouir des droits est bien : faire son devoir est mieux.

Conquérez toutes les libertés imaginables, et vous n'aurez rien fait si vous ne reconnaissez pas ce fondement :

« Ceux qui *ont doivent.* »

L'Égalité est un Droit dont la *solidarité* est le Devoir.

Nous sommes naturellement et carrément égaux devant la vie et la mort : socialement. devant les droits. les lois et la justice. Mais ce sont là des abstractions sans valeur quand elles ne reposent pas sur un fondement. Pourquoi serions nous égaux devant le droit si nous sommes inégaux devant le devoir. générateur du droit?

La Fraternité n'est ni un Droit ni un Devoir : c'est un sentiment naturel, une vertu libre, une réminiscence du : « aimez-vous les uns les autres » qui, accidentellement, est susceptible de transformation en acte : mais il y a une énorme distance entre le cœur et la poche.

En somme, voilà, en vérité, des propriétés de grande valeur : une Liberté qui vous emporte à la guerre contre votre volonté ; une Égalité qui fait payer au pauvre des impôts qu'il ne doit pas au profit du riche qui les doit et une Fraternité impuissante à procurer du travail !

La Liberté, l'Égalité et la Fraternité sont des promesses, des paroles, du son, du vent.

La Formule sociale, républicaine ou monarchiste, autoritaire ou libérale, est dans la reconnaissance et la pratique de ces deux concepts inséparables : Droit et Devoir ; quand ceux qui *jouissent* du droit *souffriront* le devoir qui en justifie la légitimité ; quand ceux qui *remplissent* un devoir *acquerront* un droit, la Liberté, l'Égalité et la Fraternité seront considérées comme des utopies dangereuses et superflues, d'ailleurs irréalisables.

SECONDE PARTIE.

LES DEVOIRS

§ 1. — *Le « Devoir » considéré isolément (selon les auteurs).*

On ne rencontre pas plus d'accord entre les savants sur la définition du terme «devoir » que sur celle du terme « droit. »

Kant dit :

« Le devoir est la nécessité d'une action quand cette nécessité se tire du respect dû à une loi. »

Schopenhauer, interprétant cette définition, ajoute :

« Le devoir signifierait une action qui nécessairement doit arriver par soumission envers une loi. »

Il s'ensuivrait que le devoir dépend d'une loi. La loi serait le fondement du devoir : mais ces auteurs ne la déterminent pas : « Quelle en est la teneur ? Où est-elle écrite ? Question capitale. » (Schopenhauer : *Morale*).

La loi qu'ils avaient en vue est simplement la loi sociale, écrite, faite par les hommes. Le devoir serait un acte d'obéissance nécessaire à cette loi. Sans doute ; mais la loi sociale elle-même, si variable et diverse selon les temps et les lieux, a besoin d'un fondement qui la limite et justifie, qui en détermine la valeur par un devoir ou par un droit : Lequel ?

C'est un cercle vicieux.

Ces philosophes ont formulé en principes *ce qu'est* le devoir ; mais ils n'ont pas dit le *pourquoi* de ces principes, *le pourquoi* du devoir. On en a la preuve dans l'emploi fréquent qu'ils font, l'un et l'autre, de ces expressions singulières : « devoirs de justice, devoirs de vertu, devoirs imparfaits, devoirs de droit. »

« Devoirs de justice, » selon la Loi naturelle, équivaut à devoirs de devoirs : devoir de vertu impliquerait que la vertu, dont la pratique est libre, devrait être imposée comme un devoir, comme une action due : on *devrait* la vertu ! Les devoirs de droit expriment la confusion complète entre les concepts du droit et du devoir ; les devoirs imparfaits ne sont pas des devoirs, puisqu'ils sont imparfaits.

Le plus étrange est que, selon Schopenhauer, ce qualificatif appartiendrait aux devoirs de vertu ou de charité qui sont évidemment plus que des devoirs, des devoirs *plus que parfaits.*

D'ailleurs, Schopenhauer reconnaît l'insuffisance de sa définition :

« La loi dernière sur quoi repose-t-elle ? D'où tire-t-elle sa force ? Voilà toujours le vieux, le difficile problème, celui qui aujourd'hui encore vient s'offrir à nous » (*Morale*).

Hégel rapportait tous les « Devoirs » à la Volonté de Dieu. Et comme nous ne connaissons la Volonté de Dieu et les devoirs qu'elle impose que par les enseignements variables des hommes. les hommes en sont arrivés, en suivant ponctuellement cette doctrine, à se massacrer les uns les autres.

Bentham a dit, d'un côté :

« Le Devoir est inséparable du droit » :
de l'autre :

« Mon Droit, à moi, se compose des obligations (c'est-à-dire des devoirs) imposées aux autres. »

Ces deux propositions sont contradictoires. Dans la dernière, le devoir imposé *aux autres* est radicalement séparé de *mon Droit individuel.* Elle est la justification de l'état de choses existant. La première signifie : que le Droit individuel ne peut exister que par une obligation, un Devoir individuel : celui qui remplit le *Devoir a* le *Droit :* celui qui *travaille* (Devoir) *a* le produit (Droit) : celui qui sème (Devoir) *a* la récolte (Droit). La seconde proposition marque le contraire : L'obligation *imposée aux autres* (Devoir) ne peut que leur donner, à eux, des *Droits*. Elle ne me concerne pas.

M. Oudot (*Science et Conscience*) : « le devoir social. c'est la soumission absolue aux volontés des représentants du droit collectif. »

Parfaitement. Mais le droit collectif est la totalité des droits individuels ; d'où la conséquence que le devoir social est la totalité des devoirs individuels et que le devoir social est la soumission absolue au droit collectif individuel.

Qu'est-ce que le droit individuel et qu'est le devoir individuel ? Sans quoi nous restons en l'air.

Un grand philosophe a terminé un livre sur le Devoir par ces mots :

« Oublie-toi, sacrifie-toi, dévoue-toi. »
Pourquoi ?

M. Prévost-Paradol *(France nouvelle)* semble confondre le devoir avec la vertu quand il dit :

« Conduire un peuple entier avec le seul frein du devoir est une chimère. Le pur dévouement au devoir suppose une âme trop élevée pour devenir un mobile de conduite. »

Le *dévouement au devoir* est une conception aussi étrange, au point de vue formulaire, que le serait celle de *dévouement à payer nos dettes.*

§ II. — *Du Devoir (selon la Formule)*.

« Devoir » : infinitif du verbe *devoir* substantifié.

Le devoir est une obligation individuelle que nous *devons* pour *acquérir* un droit ou pour payer un droit dont nous avons la jouissance anticipée.

Tout devoir individuel n'ayant pas pour résultat la production d'un droit individuel, est une injustice imposée par l'individu qui s'approprie le droit, soufferte par celui qui accomplit le faux devoir.

Ainsi, les individus qui accomplissent des devoirs en vue du droit de séjour en Paradis seront volés si le Paradis n'existe pas. Ceux qui vendent une chose moyennant finances (devoir) en ayant la certitude que cette chose n'existe pas, sont des voleurs. Tout travail (devoir) qui n'est pas récompensé par son produit (droit), tout service (devoir) qui n'est pas payé par un salaire (droit); tout salaire insuffisant et, en somme, tout ce que l'individu fait ou paie sans être dans la stricte obligation de le payer et faire par le retour d'un droit, est une injustice.

Le devoir est au droit comme le passif est à l'actif ; c'est la comptabilité du doit et avoir, inséparables, dans le compte de la vie.

Celui qui travaille (devoir) *a le droit* de manger (jouissance).

Celui qui ne mange pas *doit* sentir la faim (souffrance).

§ III. — *Des devoirs naturels.*

En traitant des droits naturels (§ IV) nous avons dû nous entretenir des devoirs-naturels qui leur correspondent. Il est impossible de traiter séparément de ces facteurs inséparables. C'est pourquoi nous ne reviendrons pas ici sur une démonstration dont la répétition serait fastidieuse et dont la substance se condense en cette formule :

Le droit-naturel de vivre est inséparable du devoir-naturel de se conserver la vie.

Le droit-naturel de propriété est inséparable du devoir-naturel de travailler.

§ IV. — *Des devoirs sociaux.*

Les Droits sociaux sont

gouverner

et

être défendu.

qui impliquent les devoirs sociaux { obéir / et / défendre.

Gouverner, c'est posséder le droit de contribuer à l'élaboration des lois. Obéir est la nécessité de conformer sa conduite aux lois.

Les lois sociales n'ayant d'autres raisons d'être que celles de fortifier les Droits-Naturels : { vivre / et / posséder. } par la nécessité de se conformer à la Loi-Naturelle : { se conserver / et / travailler; d'être le reflet de la justice naturelle : tout *devoir acquiert* un droit, et de la justice sociale : tout *droit doit* un devoir : il s'ensuit que l'obéissance aux lois est le *devoir* correspondant au *droit* de les établir.

Tout homme *a*, au moins, le devoir de se conserver, lequel entraîne celui de travailler; et travailler entraîne posséder; et posséder entraîne sécurité; sécurité, gouvernement; gouvernement, impôt.

Tous les hommes, sans exception, ayant des devoirs à remplir; soit des devoirs qui engendreront des droits, soit des devoirs dus pour des droits acquis, tous les citoyens ont le droit de collaborer à la confection des lois concernant les devoirs. Les lois n'ont d'autre objet que d'en imposer l'accomplissement aux citoyens qui les doi-

vent et d'assurer, à ceux qui les remplissent, les droits
correspondants à ces devoirs.

De l'impossibilité matérielle de réunir en une assemblée
la totalité des citoyens qui ont le droit de faire les lois
relatives aux devoirs, résulte la nécessité de confier à
des citoyens élus le soin d'élaborer, par représentation,
les lois qui concernent exclusivement les devoirs que les
citoyens doivent remplir.

La réunion des élus en vue d'élaborer ces lois consti-
tuerait une assemblée que je désigne sous le nom de :
chambre du Devoir.

Tous les hommes dans les sociétés et dans la nature
entière ont des devoirs à remplir, dont la quantité minimum est : le devoir de se conserver ; mais ils n'ont pas tous,
dans la vie sociale, la même quantité de droits.

Car, il ne suffit pas, pour avoir un droit, d'avoir *le droit
à*, il faut avoir le *Droit de :* et, pour avoir le *Droit de*, il
faut avoir rempli, *antérieurement*, le devoir correspondant à ce droit. Le *droit à* n'est qu'une espérance, un
sentiment, du vent, dont la réalisation n'est possible que
par l'accomplissement *futur* d'un devoir personnel équivalent.

Avec la fameuse théorie dont nous sommes fiers et qui
nous a perdus : de l'*Égalité devant les droits*, je pressens les
exclamations et les objections que provoquera, auprès de
mes amis, cette conception si judicieuse. Eh quoi ! diront-
ils, il y aurait, dans les sociétés, deux classes de citoyens !

Ne voyez-vous pas qu'il y en a mille ?

Est-ce que ce mendiant *a* le droit de capital? Cet idiot,
le droit d'écrire; ce cul-de-jatte, le droit de marcher?

Est-ce que le prolétaire *a* le droit du propriétaire ?

Ai-je le droit d'avoir un salaire si je ne travaille pas ?

Ai-je le droit d'administrer la fabrique où je suis ouvrier?

Ai-je le droit de disposer des valeurs qu'on me confie ?

Les hommes ne s'aperçoivent pas que leur fameuse
conquête des droits n'en est que l'ombre; que les *droits
à des droits* sont des aspirations plus qu'illusoires quand
elles sont dépourvues des éléments nécessaires pour les
réaliser; que la fameuse liberté du travail, par exemple,
est une duperie quand les *produits du travail* sont rete-
nus en esclavage.

Que vous importe que certains hommes aient dix droits,
cent droits, mille droits s'ils les ont acquis par les devoirs
correspondants et si ces droits sont inséparablement grevés de devoirs?

Oui, dans les sociétés civilisées, tous les hommes *doivent* des devoirs et tous n'*ont* pas *des droits*.

Et toute société civilisée se divise relativement à la
possession des droits en deux classes de citoyens :

Ceux qui ont les choses ; c'est-à-dire des *droits acquis ;*
     et

Ceux qui n'ont pas les choses ; c'est-à-dire des *droits à
acquérir*.

Il est dans l'ordre de la société que les choses *acquises
doivent* être gardées et défendues : d'où les devoirs, pour
ceux qui les possèdent, de les défendre et garder person-

nellement : ou, à défaut, le *droit* d'en organiser la garde et la défense et le *devoir* correspondant d'en acquitter les frais.

Les *droits à acquérir*, les droits futurs n'existant pas, n'exigent nulle organisation de défense, ne *doivent* aucun devoir de payer ou défendre.

De même que l'élaboration des lois concernant les devoirs appartient aux citoyens qui doivent des devoirs ; de même l'élaboration des lois relatives aux dépenses nécessaires pour défendre et garder les choses, appartient à ceux qui possèdent ces choses, à ceux qui *doivent* payer ces dépenses.

La garde et la défense des choses entraînent à des institutions, à des armements, à des travaux communs entre les citoyens qui ont les choses, à une organisation compliquée et coûteuse.

Cette organisation est le *droit* de ceux qui *doivent* en payer les dépenses.

On ne doit que ce qu'on a reconnu devoir, ce à quoi on s'est engagé. On le doit dans la proportion des avantages qu'on en retire. On a le *droit* de le consentir dans la proportion qu'on en *paie*. On le doit payer dans la proportion des choses que l'on possède.

Garder ou défendre c'est travailler.

Le travail est { antérieur (capital) ou présent (action personnelle).

Défendre est une action présente que doit fournir celui qui a les choses, son capital, son état, son droit, son travail antérieur. Le contrat social l'oblige à la fournir ou, tout au moins, l'équivalence contenue dans l'action d'un autre. Et cet autre, en accomplissant un devoir qu'il ne doit pas, a droit à l'équivalent de ce devoir : le salaire.

Le droit de voter les impôts et le devoir de les payer, inséparables, seraient la consécration du titre de citoyen dans toute sa plénitude.

De là la nécessité d'une seconde chambre composée de membres élus par les citoyens qui posséderaient ce droit spécial. Chaque électeur disposerait d'une quantité de votes égale à la quantité des quotes d'impôt qu'il lui incomberait de payer, au prorata de ses droits acquis.

Je nommerais cette chambre spéciale : *La Chambre du Droit.*

Les citoyens électeurs de l'une et l'autre chambre n'ont à déléguer ni des devoirs ni des droits. Mandants, ils chargent des mandataires, moyennant des émoluments (droit), de remplir un service déterminé (devoir).

Les droits et les devoirs, parce qu'ils sont individuels, sont indélégables et inaliénables. Le citoyen s'impose le devoir de payer pour avoir le droit de commander. Celui qui accepte le *droit* des émoluments *doit* le devoir d'obéir.

Les électeurs ordonnent et imposent :

1° à la Chambre du devoir : de faire des lois selon le type du droit et du devoir naturels ;

2° à la Chambre du droit : de fixer les dépenses.

La Chambre du Devoir et la Chambre du Droit sont des facteurs du Devoir Exécutif ;

c'est-à-dire de la Justice, représentée par un chef, dont

le *devoir* est d'imposer l'obéissance à ces lois, d'imposer l'équilibre entre le droit et le devoir : fonctions exclusives de l'Autorité.

Des citoyens *doivent* remplir des devoirs pour *acquérir* des droits ; des citoyens *doivent* remplir les devoirs qu'imposent leurs droits acquis ; les chambres *doivent* déterminer les devoirs par des lois :

le devoir exécutif *doit* assurer au devoir rempli, son droit,
doit imposer au droit acquis, son devoir.

Telles sont les raisons, fondées sur le droit naturel, par lesquelles se justifie, dans toute société organisée, la nécessité impérieuse de deux chambres.

Il est vrai que si l'on pouvait espérer des hommes la pratique absolue de cette loi suprème : le devoir légitime le droit, il importerait peu qu'il y eût des électeurs et des chambres, un suffrage universel ou restreint, une république ou une monarchie ; car cette loi, entraînant la libre circulation, dans l'Univers, des produits du travail, serait la réalisation de toutes les libertés sociales.

Le capital, pour produire, exige un travail présent ; pour être gardé à l'intérieur, un travail présent ; pour être défendu contre l'extérieur, un travail présent.

Celui qui possède le capital (droit) et qui repose (droit), doit au travail présent (devoir) un salaire (droit) pour la production ; doit au travail présent un salaire pour la défense.

Le premier ayant deux droits doit deux devoirs : il *possède* et doit *produire* (travailler) ; il *possède* et doit *défendre* (travailler).

S'il ne subit ni l'un ni l'autre de ces devoirs, il doit payer deux salaires.

Enfin tous les devoirs sociaux se résument en un seul ; travailler, qui est facteur intégrant des droits et des devoirs naturels et de la loi naturelle.

Celui qui ne le remplit pas *repose* et doit *payer*.

Payer l'impôt c'est fournir le produit d'un *travail antérieur*.

§ V. — *Définition de l'impôt.*

Les économistes commettent, à mon sens, une véritable balourdise quand, à propos des impôts, ils se servent de cette expression : « frapper les choses ou les gens d'un droit. » Le droit caresse plutôt et ne frappe pas. L'impôt n'est pas un droit, un avoir ; mais une charge, une obligation, une dette, un devoir, le devoir social auquel aboutissent tous les devoirs sociaux. Frapper les gens d'un impôt, pour les choses qu'ils possèdent, c'est les frapper d'un devoir.

Et comme tout devoir est injuste quand il n'acquiert

pas un droit, tout impôt qui ne tend pas à l'acquisition d'une jouissance au bénéfice de celui qui les paye, est injuste.

Presque tous les savants qui ont considéré l'impôt au point de vue de la justice, de ce qu'il devrait être et non de ce qu'il est, sont d'accord sur la définition de l'impôt, sur la source spéciale qui *doit* l'alimenter et sur la destination que l'état *doit* lui imposer.

Montesquieu dit :

« Les revenus de l'État sont une portion que chaque citoyen donne de son bien pour avoir la sûreté de l'autre (portion) ou pour en jouir agréablement. »

D'où la conséquence que celui qui ne possède aucune *portion de bien*, ni pour donner ni pour *jouir agréablement* du reste, ne doit pas l'impôt.

M. Garnier dit :

« L'impôt est, en fait, le prélèvement opéré sur *la fortune* privée des particuliers, pour subvenir aux dépenses... » (*Traité des finances*).

Raynal : « L'impôt est le sacrifice d'une partie de *sa propriété* (capital) pour la conservation de *l'autre* (partie). »

Montyon : « une portion de la *propriété privée* destinée au paiement de la *garantie de la totalité.* »

M. de Parieu : « l'impôt est le prix de la protection accordée par l'État aux *biens des contribuables.* »

M. de Puynode : « l'impôt peut encore se définir : la part que chacun remet à la caisse commune pour s'assurer la paisible *jouissance de ses biens* et le respect de sa personne... L'impôt est le sacrifice d'une partie de la *propriété* pour la conservation de l'autre. »

M. G. de Molinari : « La portion de *richesse* que chacun abandonne à l'État pour s'assurer la conservation du *restant.* »

Quesnay : « l'impôt est une partie du revenu détachée du produit net des *biens-fonds* d'une nation agricole. »

Le Trosne : « l'impôt est une portion *des richesses* destinée à la dépense publique et prise sur le produit *net.* »

M. Menier repousse ces définitions sous la raison qu'elles ne séparent pas l'impôt de l'individu ni l'individu de l'État. Puis, singulière contradiction, le voici accouchant d'une formule suivant laquelle l'État ne serait rien moins que propriétaire, gérant, exploitant du capital national des particuliers !

« L'impôt, dit-il, représente la mise en valeur et les frais généraux d'exploitation du capital national. »

C'est là, évidemment, la pire des définitions et des destinations de l'impôt. L'État n'a rien à *mettre en valeur* ni rien à *exploiter;* par conséquent l'impôt ne représente aucunement des *frais généraux d'exploitation du capital national.*

Le plus singulier, c'est qu'en d'autres pages de son livre : *l'Impôt sur le Capital,* où j'ai pris les citations précédentes, il gémit de l'ingérence de l'État dans les affaires privées et constate son inhabileté consommée dans la gérance du domaine national.

Les attributions du gouvernement sont exclusivement des devoirs, convergeant vers les devoirs sociaux

$$\left.\begin{matrix} \text{obéir} \\ \text{et} \\ \text{défendre :} \end{matrix}\right\} \text{générateurs des droits :} \left\{\begin{matrix} \text{gouverner} \\ \text{et} \\ \text{être défendu ;} \end{matrix}\right.$$

lesquels impliquent la protection des êtres et la sécurité des choses, des travaux communs et, par extension, selon la libre convenance des citoyens qui les paient, des services communs. Toute institution ou service ne présentant pas ce caractère absolu de communauté : telles que les postes, l'instruction, les religions, sont des iniquités au même titre qu'en l'état actuel l'établissement d'une assurance générale budgétaire contre l'incendie en serait une autre ; puisque ceux qui ne possèdent rien qui soit susceptible de brûler en supporteraient les frais sous forme de contributions indirectes.

Il est certain que prélever des impôts sur la nourriture, le vêtement, l'abri, est un attentat contre *la vie* du pauvre ; un attentat *redoublé* quand ces impôts servent à payer les frais qu'occasionnent la sécurité de choses qu'il n'a pas et n'aura jamais, ou à l'édification d'églises, d'écoles, de musées, de théâtres, d'observatoires, de missions, de voyages aux pôles ou à la lune, qui ne l'intéressent pas. Il a besoin de pain et non de science ; de travail et non de tableaux. Donnez-lui ces choses et installez des tourniquets aux seuils de vos établissements. Faire payer des impôts sur les choses indispensables à la conservation de la vie quotidienne est un attentat *triplé* contre *la vie* du pauvre, puisque cette mesure a pour effet de surenchérir les choses que le pauvre produit au bénéfice de ceux qui doivent directement les impôts.

En quoi le prolétaire est-il intéressé à ce qu'on respecte la propriété et le capital? Pourquoi paierait-il des impôts pour que l'on défende ces choses contre les agressions intérieures ou extérieures? Pourquoi serait-il obligé, gratuitement, d'exposer sa vie pour les défendre? Pourquoi faudrait-il qu'il prélevât sur sa pitance éventuelle de quoi payer des juges, de la police et des gendarmes, dont sa sécurité n'a nul besoin, pour bâtir des palais où il n'entrera que pour être châtié? Il contribue au fonctionnement du tribunal de commerce et il n'a pas de commerce, à la bonne marche des affaires civiles et il n'a pas de propriétés; à l'instruction publique et il n'a pas d'enfants; à l'entretien d'un clergé fastueux et il ne croit à rien; à l'encouragement des sciences abstraites ou supérieures et il ne sait pas lire; à la construction des chemins de fer et des routes et il ne peut pas même voyager en brouette; aux bals par-ci et aux ripailles par là et il n'a pas seulement de pain. En quoi cette façon d'agir envers lui est-elle différente de celle qu'on imposait au *vilain*, la nuit, sur les bords de l'étang, pour faire taire les grenouilles?

Comment les hommes réussirent-ils à instituer un état de choses aussi préjudiciable à la majorité des hommes? Par quels moyens, en tous les temps et en tous les lieux,

une infime minorité put-elle établir cette effroyable et
inique domination sur le plus grand nombre?

Il faudrait écrire des volumes et répéter des choses
souvent écrites pour en développer la totalité des causes
et nous arriverions, en les remontant, à constater que la
cause initiale est née de l'horreur que le travail manuel
inspire aux hommes intelligents.

Tant que les hommes furent simples, ils remplirent le
devoir de travailler, de produire pour se conserver. Ils vé-
curent en paix, dans la moralité que ce devoir engendre.
Dès qu'ils acquirent l'intelligence, ils s'aperçurent de la
possibilité d'imposer aux simples les devoirs pénibles et
ils s'ingénièrent à inventer des institutions pour les convaincre que leurs intérêts mêmes en exigeaient la nécessité.

L'intelligence étant un produit du travail de la Pensée,
de la Volonté, ayant pour effet de multiplier ces forces
immatérielles, ceux qui les possédaient au plus haut degré conçurent le dessein de la faire agir au profit de leur
intérêt contre ceux qui ne les possédaient qu'à des degrés inférieurs. Il s'agissait de leur imposer des devoirs
matériels pénibles en échange de *droits immatériels*; de
convaincre les volontés, au nom d'une puissance myst*-
rieuse, malheureusement redoutée et inconnue. L'exploitation de cette croyance innée, mais indéfinie, enfanta le
faux *devoir de la religion*.

Mais ces devoirs matériels et coûteux, imposés sous la
promesse de récompenses et sous la menace de châtiments
imaginaires, ne furent jamais accomplis volontairement

que par des ignorants ou par ceux qui croient savoir beaucoup quand ils ont adopté, sans examen personnel, la science des autres. Dès l'origine, les fondateurs de religions positives pressentirent que les révélations divines, accidentelles, dont ils se constituaient les interprètes, auraient à lutter contre les révélations constantes de la Nature ; que leurs petits miracles surnaturels ne prévaudraient pas toujours contre les miracles naturels, ni les droits immatériels contre les droits humains ; c'est pourquoi ils résolurent que le Dieu tout-puissant qu'ils affirmaient serait protégé par de simples mortels, ses créatures. De là l'alliance qui régna toujours entre les religions et les gouvernements. Le gouvernement dit à la religion: persuade les âmes ; la religion lui répondit: contrains les corps. C'est-à-dire imposons, conjointement aux autres, par la persuasion et la force, les devoirs que nous devons, et garantissons-nous mutuellement la *jouissance nette* qui en dérive. Il est donc nécessaire de démontrer ici, succinctement, combien ces prétendus devoirs que les religions prêchent et ceux que la Force impose sont contraires à la Loi naturelle.

§ VI. — *Le Devoir de la religion.*

Il ne devrait appartenir qu'à la famille d'inculquer à ses membres les croyances spirituelles, d'enseigner la religion, dont la pratique est respectable quand elle s'exerce dans le secret de la conscience et dans l'intimité de la famille. Dès qu'on la convertit en culte public, sous prétexte de dévouement, c'est qu'on entend l'imposer, et en retirer des bénéfices ; c'est qu'au fond, caché, on vise un intérêt immédiat ou lointain.

Aussi longtemps que les mœurs n'auront pas détruit ce pharisianisme, il y aura des religions commerciales, mais pas de véritables croyants. Il devrait être aussi honteux de s'exhiber pour adorer Dieu que de montrer la prétention ridicule d'enseigner à le connaître, de rappeler ce qu'il a dit, d'énumérer ce qu'il commande. Le culte extérieur a engendré le fanatisme, les persécutions et les crimes : le culte secret engendrerait la vertu. Cette fameuse liberté de conscience, que tous les partis revendiquent, n'est autre chose que la condamnation des cultes publics.

L'homme n'est pas organisé pour dépenser tant de zèle au profit des autres. Il n'est *outillé* que pour lui-même. Si nous étions d'une telle nature que nous pussions nous conserver sans travailler, rien qu'en respirant dans un milieu climatérique invariable, on ne rencontrerait personne pour enseigner une religion ni pour la pratiquer. Tous ces zélés et onctueux docteurs ne s'occuperaient pas plus de Dieu et de notre âme que si ces inconnaissables n'existaient pas. La *révélation* d'un Dieu déterminé n'est pas autre chose qu'un prétexte d'exploitation de l'homme, un attentat contre sa vie.

Les cultes publics ont été institués en vue de protéger :

1° l'intérêt des gens qui *ont* ;

2° l'intérêt de la hiérarchie ecclésiastique.

Le mobile des uns et des autres ne fut autre que le désir immodéré de se soustraire à la nécessité de travailler pour vivre. Leurs successeurs, qui prêchent la résignation, la pauvreté et les souffrances, sont précisément ceux qui ont horreur de ces situations et horreur du travail manuel.

Jamais on ne vit les religions enseigner aux hommes leurs droits. Le plus étonnant des miracles serait celui de voir un clergé quelconque prendre en mains la défense du droit des gens qui n'ont rien. Ce serait une anomalie, un crime de lèse-institution : son propre suicide.

Il n'est pas besoin de révélations particulières pour donner à l'homme le désir de se conserver et lui enseigner ce qu'il doit faire en ce sens : ces connaissances naissent avec lui ; la raison les développe sans étude. Au fond des forêts vierges, les tribus ignorantes respectent chez les autres les droits de vivre et posséder ; cependant nul prêtre ne leur enseigne la morale ni aucun gouvernement ne leur impose des croyances.

Il semblerait que nous sommes encore plongés, religieusement, dans la barbarie. On ne constate partout que des religions ennemies et des croyances divergentes. Qui nous dira, entre tant de théories compliquées, où est la vérité ? La vérité une, qui ne peut être si elle n'est accessible, par sa simplicité, à toutes les intelligences.

Les sciences naturelles ont réalisé des progrès ; les sciences morales et politiques, aucun. On recommence toujours les mêmes expériences, malgré l'insuccès répété qu'elles ont donné. C'est en vain que les sociétés, invariablement formées sur le modèle de la société judaïque, se sont effondrées ; nous en sommes encore à la morale sans droit du décalogue de Moïse et au système politique qu'il infligea aux hébreux. Nous en sommes encore, et pour cause, à protéger les intérêts spirituels, qui sont d'essence absolument libre, sans songer que cette protection, en dehors des désordres qu'elle entraîne, est funeste aux intérêts matériels.

Tout ce qui appartient à l'âme est en dehors des attributions sociales. C'est en voulant lui tracer sa voie et l'y guider que les hommes ont méconnu le droit, dont Moïse n'eut jamais l'intuition, et que s'est perpétué l'*inégalité devant le devoir*, unique cause efficiente de la chute des empires.

Moïse donna des ordres, des ordres négatifs, des abstentions à respecter, sans raison ni pourquoi, et qui, par cela même qu'ils étaient négatifs et sans fondement, ne pouvaient embrasser la totalité des actions humaines capables d'offenser la Morale.

Ainsi :

« *Ne tue pas* » signifie, à la lettre, que, même dans la défense, notre devoir est de nous sacrifier plutôt que de tuer ; alors que, dans un autre sens, nous pourrions blesser, torturer, persécuter impunément sans prévariquer.

« *Ne vole pas* » est trop élastique : est-ce voler que de s'approprier, par la misère, le produit du travail des au-

tres? De capter les héritages par l'effroi de terreurs imaginaires? De vendre au comptant des indulgences cyni-
ques et des messes stériles? De faire payer les impôts qu'on
doit, par ceux qui ne doivent rien?

« *Ne pas faire de faux témoignage* » il suffirait alors,
pour obéir à la loi, de se taire.

« *Ne pas convoiter la femme de son prochain,* » la femme
pourrait donc convoiter le mari de sa voisine? La *convoi-*
tise est souvent involontaire : jamais un délit.

« *Ne pas envier le bien des autres* » : l'envie pure,
comme la convoitise, est un sentiment qui ne peut causer
aucun mal : elle est plutôt un signe avertisseur utile, nous
invitant à nous tenir sur nos gardes.

« *Tu ne prendras point le nom de l'Éternel, ton Dieu,*
en vain » : c'est la condamnation formelle du culte public, car il n'est pas de plus sottes et inutiles vanités
que celles de prier Dieu et de célébrer, en public, sa
gloire.

Que d'autres abstentions auxquelles devraient s'as-
treindre les hommes, pour être justes, que le bon Dieu
du buisson ardent (le feu) a oublié de dicter à Moïse !
Combien il eût mieux fait, si son intention fut réellement
d'être utile à l'humanité, de lui enseigner le fondement
de la morale, la base du droit de propriété et l'assiette
tant cherchée et introuvable de l'équitable répartition
des impôts !

Si l'on examine les commandements *positifs* que Moïse
donna aux israélites, on y rencontre la même expression
incomplète, vague, insuffisante et indéterminée qui ca-
ractérise les ordres négatifs :

« Aimer Dieu » ou ne pas l'aimer n'a jamais fait, *ni chaud ni froid*. Chacun peut dans son jardin, pendant la canicule, en faire l'expérience :

Priez et n'arrosez pas.

Jurez et arrosez : Vous verrez bientôt laquelle de ces deux actions vous fournira les plus beaux légumes.

« *Honore ton père et ta mère* » est un respectable sentiment filial ; mais la famille n'eût rien perdu en ce qu'il fût suivi d'un sentiment paternel au moins aussi utile à l'humanité : « Protège tes enfants. »

Il ne suffit pas, d'ailleurs, d'honorer son père et sa mère. Il est des situations dans la famille ou de stricts témoignages de respect sembleraient peu substantiels. La loi divine n'eût que gagné en exigeant des fils envers leur père des preuves d'affection moins impalpables, ne fût-ce que la restitution pure et simple, que la loi sociale impose, quand la nécessité s'en fût présentée, des soins et des secours qu'ils en reçurent durant la période de leur enfance.

Quant à l'ordre positif « d'observer le sabbat » il est manifeste qu'il ne fut inspiré qu'en vue de remplir la caisse. Cette clause, en toutes les religions, ne fut jamais oubliée.

Christ, le doux inconscient vint, et surenchérissant sur Moïse, il enseigna que les devoirs à remplir n'avaient d'autre limite que la mort du patient. Sa théorie de la résignation, du désintéressement, de la joue gauche après la joue droite ; ses fameux apophtegmes : « Aimez-vous les uns les autres, Sauvez-vous par la charité » — ineffi-

caces et impraticables — sont les plus anti-sociaux qu'un
tyran pût imaginer. On en voit les résultats. Cependant
il ne savait pas qu'il promettait aux hommes un droit :
le Ciel... après la mort.

« Si tu veux être parfait, va, vends ce que tu as et le
donne aux pauvres, et tu *auras* un trésor dans le ciel :
puis viens et me suis (Mathieu). »

Aujourd'hui, quand un chrétien montre les velléités de
suivre ce conseil divin, la famille le pourvoit d'un conseil
judiciaire.

Des esprits sensés arguent de la divinité de la doctrine
par le triomphe qu'elle remporta ; ils oublient qu'un
simple moine eut un succès aussi brillant et plus rapide.

Le ciel pour récompense et l'espérance pour tout bien !
On ne pouvait imaginer une religion plus propre à favoriser la paresse et la spéculation. Les pauvres d'esprit,
les souffreteux et les martyrs de l'injustice étaient fiers
de leur lot éventuel, pendant que les autres jouissaient
tranquillement de leur lot réel. Les gens intelligents ne
pouvaient dédaigner un instrument si propre à conso-
lider. sur les simples, leur domination.

Luther ne dit pas un mot du droit. L'interprétation
libre des légèretés de la Bible, où il n'est pas question
de droit, ne peut améliorer le sort du pauvre. Le profit
net de la Réforme est dans la démolition du purgatoire. Les
protestants ont profité des économies qu'elle entraîna.

Mahomet *promit* à ses disciples, pour tout droit, des
houris toujours jeunes et toujours belles dans un para-

dis problématique : en attendant, ses fidèles paient les
impôts aux sultans et aux pachas, qui jouissent en ce
monde des houris toujours belles et toujours jeunes.

En somme les religions n'offrent que des promesses
payables après la mort (droit) contre de l'argent comptant
(devoir).

Les sociétés n'ont rien à voir dans ces marchés. Il y
aura toujours des dupeurs pour les proposer et des dupes
pour les accepter. Il faut simplement que les religions
soient libres.

D'ailleurs, l'organisation budgétaire des religions n'a
pas l'influence néfaste que l'on croit sur la situation économique. La suppression du budget des cultes ne rendrait pas, en moyenne et par tête, trois francs d'économie annuelle et n'apporterait aucun changement aux difficultés sociales. Les politiciens qui revendiquent, sous
motif d'économie, la séparation de l'Église et de l'État;
ceux qui la redoutent, sous la raison que ce retour à la
situation d'avant 1789 rendrait à l'Église la richesse et la
puissance, sont également dans l'erreur. Ces craintes et
ces désirs seraient vains si le système fiscal était basé
sur la justice sociale : Tout droit doit un devoir. Au contraire, on désirerait alors pour que le travail abondât,
que les moines et le clergé, les rentiers et les industriels,
que tous les genres d'oisifs se multipliassent. Le *Droit
du repos* est sacré dès que son titulaire en remplit les devoirs correspondants.

Il fut un temps où la presque totalité du sol, en France,

appartint à la Couronne, à la Noblesse et au Clergé. De nouveaux propriétaires *qui avaient* se sont substitués aux anciens : en quoi ce changement a-t-il amélioré le sort de *ceux qui n'avaient rien ?* On a aboli les maîtrises, les jurandes, les privilèges et l'impôt sur le travail ; on a vendu les biens de main-morte et ceux des émigrés : ces mesures ont-elles causé la baisse sur le prix des choses ? Ont-elles assuré du travail aux prolétaires ? Ont-elles exempté les pauvres de payer les impôts ? Non : c'est comme si l'on n'avait rien fait.

Le Roi fût resté sur son trône, la Noblesse et le Clergé, sur leurs propriétés ; les moines, dans leurs couvents, pour le plus grand bien des prolétaires, si les constituants, mieux inspirés, eussent substitué, à l'illusoire déclaration des droits de l'homme, celle-ci :

« Ceux qui ont doivent l'impôt. »

§ VII. — *La religion du devoir.*

Je ne sais quel poète a dit :

« C'est la loi du travail qui gouverne le monde ;
« Le travail est sacré puisque Dieu le féconde. »

En effet l'atmosphère, l'eau, la terre, les êtres et les

choses *travaillent;* tout se meut et vit sous l'influence de la chaleur et de la lumière.

{ Le travail, action, est le devoir
{ le soleil, immobile, est le droit.

Le Soleil inconnaissable, représente l'état, l'être, la vie, la pensée, l'âme, l'acquis, le *Droit absolu;* la matière, dans son ensemble, est l'action passive, le mouvement subi, l'obligation, le travail forcé, *le Devoir absolu.*

Je me figure la Matière : la totalité des astres infinis ; les astres, des individualités éternelles, que la loi de la pesanteur et l'impénétrabilité du vide défendent contre la dislocation et qui *fabriquent,* en les reflétant sur un point unique, dans une direction unique, *leur* chaleur et *leur* lumière.

Ces individualités se meuvent (travail) en des orbites déterminés, sous une impulsion, sous un regard, sous une pensée, sous un Soleil unique, qui engendre le mouvement unique, uniquement éternel et présent. Les individualités matérielles obéissent, se meuvent, *travaillent* éternellement parce que le regard mystérieux les atteint éternellement.

Mais il ne les atteint, en un même temps, que sur une face et, sur le tout, successivement ; d'où résultent les

mouvements phénoménaux successifs qui { commencent
{ et
{ finissent.

C'est l'inséparabilité de

{ l'absolu { la vie universelle
{ et de { et de
{ du relatif. { la vie phénoménale.

Dire qu'il y a des perturbations planétaires ou astrales, c'est nier l'unité de l'Univers, de la Loi, de la Force, de la Vérité ; c'est imaginer le désordre dans l'absolu et le justifier dans le relatif.

Ainsi, l'ordre dans l'Univers repose sur le *travail* ; rien ne pourait le troubler que la cessation du *travail*. Jamais les hommes n'ont constaté la moindre irrégularité dans l'ordonnance de la Nature : les étoiles brillent sur des points invariables du ciel ; les planètes circulent sur leurs orbites infranchissables ; jamais les comètes n'ont erré d'une minute en dehors de la route qui leur est tracée ; jamais la Lune n'a manqué d'accomplir régulièrement ses phases ; jamais la Terre, jalouse de son *avoir*, n'a perdu, dans l'espace, une parcelle de sa constitution : jamais elle ne ralentit son mouvement écliptique. dont résultent les saisons. ni son mouvement de rotation. dont résultent la nuit et le jour alternés ; c'est-à-dire la nuit, repos. (droit), en récompense du jour, travail. (devoir).

La Terre travaille (devoir) et se pare de magnificence (droit). Le Soleil contemple et jouit de ce spectacle : les choses inertes se mouvant, se transformant, obéissant sous son regard ; la végétation s'élevant vers lui comme pour lui faire hommage de sa reconnaissance : les bêtes. heureuses et libres. jalouses de travailler individuelle- ment pour se conserver ; la quiétude et le rayonnement de l'enfance innocente ; le développement des êtres par le travail et la perpétuité des espèces par l'amour ; la satisfaction, le bonheur des hommes simples et *laborieux*, civilisés ou *barbares :* partout il contemple l'ordre, l'harmonie, la durée dans l'Univers, parce que l'Univers fait son devoir, excepté dans les sociétés *civilisées*, où évidemment les hommes ne remplissent pas le leur.

Prier Dieu, l'adorer et payer ses prétendus représentants pour qu'ils interviennent auprès de lui, c'est exactement comme si vous les chargiez d'intervenir auprès du Soleil pour qu'il tempère ou accentue ses rayons. Dieu nous donne la matière première et la force pour la dominer, pour la faire produire. Il nous comble de droits en germes ; mais il faut les défendre contre les ravisseurs par le devoir, par le travail.

Le Devoir de la religion n'a été institué que pour dissimuler *la Religion du devoir*, pour maintenir la vérité absolue dans un puits ; pour jouir du produit sans souffrir le travail, du droit sans en remplir le devoir. La pratique de la vraie religion *doit* rapporter (*Droit*) et non coûter.

Le Devoir de la religion, pour cacher sa laideur, a besoin de se revêtir de pompe, de docteurs, de ministres et de pontifes. Il a besoin d'institutions, d'édifices, de terreur, de défenseurs, de miracles *surnaturels* et de mystères. Il pousse les hommes à se haïr et à s'entre-tuer. Il est une des causes de la paresse, de la misère, de la ruine.

La Religion du devoir, simple et nue, étale sa beauté sous l'éblouissante lumière, par les magnificences de la Nature, ces mystères et ces miracles *naturels* qu'elle enfante. Elle est la source de la richesse et le facteur de la justice. Elle a horreur du meurtre et de la guerre.

Si la totalité des hommes était rassemblée et qu'on remît à leurs suffrages la solution de cette question :

« Quelle est la plus morale des religions ? »

Un effroyable carnage s'ensuivrait : Personne ne pourrait voter.

Si, au contraire, on leur soumettait celle-ci :

« Le travail est-il moralisateur? »

On recueillerait l'unanimité des *Oui* au milieu de la paix la plus profonde.

Le travail est donc la Religion Naturelle.

Dans la société, le travail est
{
  passé
  ou
  présent.

Le travail passé est transformé, accumulé en capital ; le capital impose des devoirs à remplir : le faire produire, le défendre, par le travail présent (salaires).

La Religion sociale est l'accomplissement du Devoir de travailler.

§ VIII. — *Le Devoir social de l'Instruction*

L'instruction, dans son acception générale, ayant pour objet de nous donner les connaissances propres à favoriser la conservation de la vie, est une acquisition ou une aspiration hautement appréciable. C'est pourquoi elle n'est point un devoir. Je la range ici dans la catégorie des devoirs, parce que l'État, en l'imposant partiellement, l'y a rangé lui-même.

L'instruction est un droit dont la jouissance est personnelle, interne; un produit du travail (devoir) une propriété insaisissable, libre, comme tout ce qui appartient à l'âme. On ne peut pas plus forcer un homme à s'instruire qu'on ne peut le forcer à croire. On n'agit sur l'âme que par la persuasion, quand elle est encore à l'état de formation, et malléable.

Si l'instruction était un devoir, il faudrait dire qu'un devoir, le travail, engendre un autre devoir ; ce qui serait absurde.

Ce que l'État impose, dans son ignorance de la notion du droit, n'est pas le devoir de s'instruire : c'est le devoir *forcé* de travailler pour s'instruire.

En agissant ainsi, il a violé la liberté du travail dont il paraît, d'autre part, faire un si grand cas; il s'est rendu coupable, au premier chef, d'un attentat au droit de vivre des autres : en décrétant l'instruction gratuite, d'un attentat *redoublé* contre la vie de ceux qui n'ont pas d'enfants et qui se voient contraints, par le régime fiscal, de contribuer à l'instruction des enfants des autres ; c'est un attentat *triplé* contre ceux qui n'ont ni enfants ni pain.

Le mobile de cette mesure est dans la théorie du droit, née de la Révolution de 1789, et acceptée généralement par nos législateurs, à savoir que les *Droits à...* représentent quelque chose : des droits dont les devoirs sont dus par la société.

Mais tous les droits naturels ou sociaux sont individuels et, par conséquent, les devoirs qui légitiment ces droits sont individuels. J'ai parfaitement le *droit à l'instruction* : mais je *dois travailler* pour l'acquérir. J'ai le *droit d'instruire* mes enfants ; mais je *dois travailler* pour aboutir ; j'ai le *droit* de les faire instruire par les autres, mais je *dois* payer les autres.

L'engouement démocratique pour l'instruction publique, obligatoire et gratuite semble justifié *en l'état actuel* par cette considération que ceux qui n'ont rien acquittant l'impôt, l'État leur doit au moins cette compensation d'instruire gratuitement leurs enfants. On ne paraît pas s'apercevoir que les frais totaux de l'instruction gratuite retombent quand même à la charge des prolétaires.

Qu'on envisage la question comme on voudra, il résultera toujours que la gratuité est réellement une charge pour les pauvres et un bénéfice pour les riches. L'instruction gratuite et obligatoire est anti-démocratique. Elle est aussi injuste que le serait l'établissement d'une assurance nationale contre la grêle et l'incendie dont les sinistres seraient payés par le budget ; le budget, par répercussion, payés par les contributions indirectes ; les contributions indirectes payées par ceux qui n'ont que des droits à acquérir : c'est-à-dire *rien*.

Les Gouvernements n'ont à légiférer que sur le droit et le devoir matériels, aboutissant ensemble au but unique de protéger, de conserver la vie. Ni les religions, ni l'instruction ne sont des facteurs essentiels de la vie. Les religions imposent de faux devoirs; l'instruction, ennemie du travail manuel, en développant des aspirations vers des droits non essentiels, fournit, le plus souvent, les moyens et toujours le désir de se soustraire aux devoirs essentiels.

Ce qui importe avant tout, pour conserver la vie, c'est la nourriture du corps. Les sociétés ont plus besoin de laboureurs et d'artisans que de déclassés et de pédants. L'histoire enseigne qu'elles ont grandi quand les lettres et les sciences étaient presque ignorées, et qu'elles se sont écroulées quand la culture en devenait presque générale.

On dit que l'homme doit être intelligent pour connaître ses droits : sans doute ; parce que les gouvernements se sont appliqués jusqu'ici à les compliquer et obscurcir, à les confondre avec les devoirs à ce point que les hommes de science, chargés de les interpréter, se contredisent et contre-carrent les uns les autres. Les scandales fréquents que présentent les tribunaux et les cours sont la preuve évidente que les droits sociaux en vigueur ne reposent sur aucune base. Ils inspirent le doute sur l'intégrité des juges et sur la valeur des lois : véritables dissolvants de la moralité sociale.

Il n'est pas besoin de tant de science pour faire comprendre au plus vulgaire des citoyens qu'il a le droit de vivre, le droit de posséder et le droit d'acquérir, et que tous ces droits impliquent irrémissiblement les devoirs de travailler ou payer. Toute la science économique et toutes les sciences mêmes, abstraites ou concrètes, sont contenues dans ce noyau. Nul n'a besoin de maître pour savoir qu'il lui faut manger tous les jours ; que pour manger, il lui faut de la nourriture, et que, pour avoir de la nourriture, quelle que soit la fortune possédée, il faut travailler ou payer.

L'instruction n'est une cause de moralisation qu'autant qu'elle est fondée sur la vérité et qu'elle s'en constitue la servante. La vérité est fille de l'expérience. Or, la science du droit sur lequel sont fondées les lois économiques actuelles, est née de l'hypothèse, de l'imagination, de la métaphysique, nous l'avons vu, de la négation même. C'est pourquoi, toute proportion gardée, entre les espèces et relativement au nombre des individus qui les composent, il y a dans les sociétés civilisées plus de gens injustes entre les classes instruites qu'entre les classes ignorantes. Témoins, parmi les marchands, les banqueroutiers frauduleux, les fabricants de produits falsifiés, les contrefacteurs de marque, ces voleurs à titre redoublé, les vendeurs à faux poids ; entre ceux qui font profession d'enseigner ou de garder la justice même : les prêtres coupables, les notaires en fuite ; la rapacité des avocats et des avoués. Que l'on ajoute à la liste la jalousie féroce que les médecins ressentent entre eux, et ce fait remarqué, que les empoisonnements sont plus fréquents dans les classes élevées et oisives de la société que dans les classes laborieuses.

La plus grande quantité de morale proportionnelle au nombre des individus dans les classes sociales ne se dégage ni de l'instruction, ni de la religion, ni de la connaissance de notre prétendu droit : elle se révèle, au plus haut degré, dans la classe manuellement laborieuse et simple des artisans et des cultivateurs. C'est la conséquense inévitable de la Loi Naturelle

(se conserver)
       et   Si la faim et la souffrance étaient la suite
(travailler.)

inévitable de la paresse, il n'y aurait probablement besoin ni de juges, ni d'armée, ni de gouvernement.

Une organisation sociale des plus pernicieuses est celle de favoriser la famille en lui fournissant les moyens de se soustraire au devoir et à la responsabilité qui lui incombent d'instruire et d'élever ses enfants. Le travail obligatoire serait plus moral que l'instruction primaire obligatoire. En assurant par le travail la conservation des corps, on obtiendrait probablement, et prr surcroît, le libre perfectionnement des âmes. Je sais qu'en l'état actuel cette pratique est impossible : les uns n'ayant que le temps de *jouir*, les autres, que celui de travailler.

L'enfant, corps et âme, appartient à sa famille, parce que la mère l'a nourri dans son ventre, l'a enfanté dans

la douleur ; parce que le père a nourri et abrité la mère
et l'enfant, et qu'il est leur chair et leur âme. Que l'État
conçoive, qu'il accouche et qu'il élève sa progéniture à
son gré. Que chacun élève les siens ; qu'on l'y force
même ; mais qu'on ne le force pas, par surcroît, à élever
ceux des autres.

En résumé, il n'y a aucune solidarité entre les hommes
relativement à l'instruction.

La société ne peut imposer des devoirs immatériels.

L'État ne peut imposer le travail forcé.

L'instruction ou l'intelligence est une propriété que
l'âme acquiert librement, parce que l'âme est libre.

§ IX. — *Le Devoir de la Guerre.*

« L'idée de patrie est négative du droit des gens. » (Vergé).

« Patrie : ce fractionnement des hommes en nations ou socié-
« tés diverses laisse des regrets. On peut souhaiter de voir le
« jour de la réunion des peuples dans l'unité. » (Oudot).

Les auteurs ont souvent raillé la paix perpétuelle et
l'*État Universel*, parce qu'ils considéraient indispensable
à la réalisation de ces prétendues utopies l'établissement,
réellement impossible, d'une autorité unique.

Cependant l'individualité d'une nation n'est pas autant
déterminée par ses *frontières naturelles* et les bornes mo-

biles que la conquête, l'annexion. les *mariages* et les traités lui ont assignées. que par les lois particulières qui la régissent.

La libre circulation absolue des choses régnant sur la terre entière entrainerait nécessairement l'unification universelle des lois. sans atteindre ni les coutumes locales. ni les religions diverses. ni les autorités royales ou républicaines : voilà l'État Universel: c'est-à-dire l'unité dans la pluralité ou les pluralités dans la totalité : ce qui est parfaitement naturel et mathématique.

S'il y a tant de religions haineuses et jalouses, c'est que les hommes ne possèdent pas la vérité : s'il y a tant de gouvernements *divers*, c'est que les hommes ne sont pas fixés sur la nature de la justice. L'ignorance ayant créé l'antagonisme. la connaissance créerait l'accord, sans léser les gouvernements, les religions et les coutumes. La multiplicité des langues et des croyances implique la multiplicité des gouvernements et des religions : nullement la différenciation des lois sociales; car la justice est *une*. A quoi servirait de conquérir la nation voisine si la nation conquérante y retrouvait ses propres institutions ? L'asservissement deviendrait un non-sens.

Si les nations pratiquaient la justice sous ses deux facteurs : { Tout droit acquis *doit* un devoir
{ Tout devoir accompli *acquiert* un droit,
l'exploitation de l'homme par l'homme deviendrait impossible. Les procès persisteraient probablement entre les

individus, car l'horreur du travail est formidable; mail il n'y aurait plus de guerre entre les nations.

Il faut défendre la patrie, les lois, la propriété. La guerre, dit-on, est la plus nécessaire et la plus sainte des institutions; cependant chacun, moins ceux qui en font leur carrière, la redoute et la repousse avec horreur.

Ce n'est point tant au point de vue de la sécurité des hommes que la guerre est nécessaire, qu'à celui de la garantie des *droits acquis*, des choses qu'ils ont : des vaincus on ne fait plus des esclaves ; mais en ruinant ceux *qui ont les choses*, on les réduit à la nécessité de travailler pour vivre et même de *travailler pour les autres*.

La guerre a donc uniquement pour cause la défense de la propriété, du capital, des *droits acquis* matériels, et ce n'est point à ceux qui n'ont que des *droits à acquérir* qu'incombe le devoir de défendre des droits qu'ils n'ont pas encore.

Qu'importe au prolétaire que le sol et ce qui est dessus ou dedans appartiennent à Pierre ou à Paul si, de l'un ou de l'autre, il recevra, en travaillant, un salaire? L'homme qui n'a que ses jambes et son corps est toujours libre de fuir les institutions qui lui déplaisent. N'ayant pas de patrie *acquise*, il ne doit pas le devoir de la défendre ni celui de payer des impôts pour ce service. S'il remplit ces deux devoirs volontairement, il *acquiert*, par ce travail, deux droits compensateurs.

Il y a une chose extraordinaire : d'un côté, on estime que la guerre est une horrible calamité; de l'autre, on dit que le patriotisme est la plus haute des vertus. Toutes les nations célèbrent la paix, aspirent à la paix, considèrent la paix comme un facteur de bonheur, de prospérité, de richesse nationale. Pourquoi cette contradiction? Parce qu'il s'agit de convaincre ceux qui n'ont que des *droits à acquérir* (rien) que leur devoir, leur honneur, leur vertu sont intéressés à la défense des *droits acquis.*

Veut-on supprimer l'horrible guerre? Qu'on en laisse les charges à ceux qui les doivent. Qu'ils soient forcés de défendre personnellement la possession de leurs choses ou qu'ils paient largement ceux qui leur rendent ce service.

Et qu'on remarque bien ceci : ce résultat ne peut être atteint sans l'abandon absolu de la protection des choses, sans l'adoption absolue du *libre-échange,* sans la conquête de la liberté des produits universels du travail.

Les hommes entraînés naturellement à la guerre sont une exception qui a pour mobile, comme toutes les actions humaines, l'intérêt matériel ou immatériel, la carrière ou la gloire. Jamais vous ne ferez une bonne armée, surtout en temps de paix, avec des hommes qui ont les goûts de l'étude et du travail. L'action de l'âme libre n'a de véritable efficacité qu'autant qu'elle est produite en pleine volonté, en toute liberté. L'homme qui contracte, moyennant un salaire, l'engagement de défendre la patrie, fait un acte libre et devient un bon soldat; celui que vous forcez à faire ce qu'il ne doit pas, contre son intérêt et son inclination, est un malheureux esclave ; vous êtes ses tyrans.

Les nations civilisées, où la totalité des éléments indispensables du travail est possédée, sont remplies de prolétaires qui n'ont d'autres moyens pour vivre que ceux d'exploiter, de garder, de défendre ces éléments pour le compte des autres. En France, il y en a des millions. Utilisez leur volonté, profitez de la nécessité qui vous les livre ; réservez-leur ce travail ; mais, pour la justice, payez-les. Offrez-leur une carrière, mais ne la leur imposez pas. Ainsi seulement la discipline la plus méticuleuse et sévère aurait sa justification.

Armée de mercenaires ? Eh quoi ! les généraux les juges et les fonctionnaires les plus élevés ne sont-ils pas des mercenaires, et sont-ils pour cela moins honorés et moins honorables ? Quelle singulière morale, qui condamne et dénigre exclusivement les petits appointements ! Qui dit : la tête est libre, les membres sont esclaves. Qui estime juste de rémunérer l'intelligence et d'exploiter l'ignorance !

Pourquoi l'état social n'a-t-il rien à redouter du corps des officiers ? Pourquoi ces braves gens servent-ils la patrie pendant leur vie entière ? C'est parce qu'ils y trouvent leur intérêt, si modeste soit-il, parce qu'ils sont heureux dans la carrière honorable qu'ils ont choisie librement.

Il s'agit simplement de faire pour le soldat ce que l'on fait pour l'officier ; de l'élever au rang de fonctionnaire modeste ; de lui offrir une carrière volontaire et libre qu'il ne voudra plus quitter.

Il n'est pas besoin, pour atteindre ce but, de revenir aux *marchands d'hommes*, aux *vendus*, aux *remplaçants* d'autrefois. On ne livre pas les grades de généraux, les fonctions de juges et les nominations d'administrateurs aux enchères publiques : pourquoi livrerait-on l'admission, le recrutement du soldat fonctionnaire au marchandage ou au rabais ? Il suffirait d'assigner une solde régulière à ces fonctions pour qu'elles fussent volontairement recherchées à ce point de n'avoir pas de cadres assez larges pour recevoir les postulants.

L'armée serait ainsi l'école de moralité du pauvre, et le salaire, son patrimoine.

« Patrimoine » vient de « Patrie » et patrie du latin *pater* : père. Un père doit nourrir ses enfants. S'exposer à la mort pour défendre son père ou sa patrie est le travail sublime par excellence. Dans l'antiquité, les femmes accouraient se livrer aux guerriers vainqueurs. La gloire est une superbe chose ; mais elle ne dispense pas de la jouissance, du bien-être, et le pain, on le reconnaît quand on est sincère, vaut mieux. Une patrie qui pratiquerait la justice « jusqu'au fond » serait invincible, et c'est la gloire.

Le règne de l'injustice ne peut être défendu que par ceux qui en profitent. Plus le nombre de ceux-là se restreint, plus leur opulence est grande, plus les pauvres sont nombreux et plus la patrie est faible ; car ceux-ci n'ayant rien de « propre», à défendre se refusent enfin à défendre ce qu'ont les autres. L'opulence est le signe de la décadence. La chute des empires n'a pas eu d'autre cause.

Le recrutement *forcé*, même égalitaire et sans exception, est un reste de barbarie : faire payer l'impôt à ceux qui n'ont rien est une injustice. Jamais on n'a pu extirper ces deux terribles oppressions, causes efficientes de la misère et du désordre. La philosophie même n'osa jamais s'attaquer ouvertement à ces deux monstres. Quand Antistius fait parler justement Ganéo dans son livre, il le désavoue dans sa préface. Quant à moi, j'admire le patriotisme ; seulement, je voudrais qu'il fût le partage de ceux qui le *doivent* réellement, ou tout au moins qu'ils payassent ceux qui le pratiquent à leur profit.

Le parti conservateur estimait que la sécurité nationale exigeait le maintien de la durée du service militaire de sept ans. Après des luttes ardentes, on l'a réduite à cinq ans. Maintenant, le parti libéral voudrait la réduire à trois ans, deux ans, et même en réalité, paraît-il, à vingt-deux mois. Voilà quinze années qu'on organise, désorganise et réorganise cette loi, sans parvenir à satisfaire ni les conservateurs, ni les libéraux, ni l'armée ; signe évident que la vérité n'est pas atteinte. Chacun de ces adversaires appuie ses prétentions sur les raisons les plus plausibles : *ceux qui ont* des choses à garder et à défendre revendiquent une armée solide ; *ceux qui n'ont rien* sont superlativement contrariés de subir un service qui ne les intéresse en rien et ne leur rapporte rien.

Il y a plus :

Les conservateurs repoussent une organisation démocratique qui obligerait tout le monde, sans aucune exception, à servir ; qui entraverait les *hautes études* et énerverait les forces intellectuelles et morales du pays.

Ils ont parfaitement raison, les conservateurs ; mais en

quoi les *hautes études*, qui sont généralement le partage de ceux *qui ont*, intéressent-elles ceux qui *n'ont rien?* Que peut faire à ceux-ci que les autres acquièrent plus ou moins de forces intellectuelles? Voyez-vous ces beaux messieurs de *haute famille*, qui réellement *doivent* le service, se pavaner tranquillement dans les hautes écoles pendant que les pauvres diables, sans argent de poche, s'en iront sous une discipline de fer, très légitime d'ailleurs, manger la soupe et le rata!

Il est certain que ceux-là qui embrassent la carrière militaire, dans le corps des officiers, sont de fameux soldats. Ils ont la vocation. Mais il l'est encore plus que les gens à l'aise n'ont aucun goût pour la caserne et la gamelle, et qu'en les enrôlant forcément pendant trois ans dans le corps des *simples soldats*, vous en obtiendrez de fiers guerriers en temps de guerre, mais de piètres soldats en temps de paix.

A quoi bon nous embêter les uns les autres? Vous ne pouvez pas, sans ruiner les gens laborieux et sans faire faillite à bref délai, armer la nation toute entière. Produisez, enrichissez-vous; instruisez-vous militairement dans la vie civile; armez-vous ferme pendant la paix, et si l'on vous attaque, vous vaincrez; car les nerfs de la guerre sont la richesse et le bon droit.

Le service militaire est une question d'argent, de morale et de vocation. Ni la loi de 1872, avec le volontariat, ni celle qu'on projette si laborieusement ne concordent avec la justice et la formule. Quand un homme ayant du pain chez lui s'en va, contre son gré, manger celui de la caserne, il mange le pain du pauvre et, de plus, le pauvre prélève sur sa nourriture l'impôt qui le lui fournit. Le riche, simple soldat, envahissant l'armée, multipliera les malheureux. L'armée, par sa sévère discipline très justifiée, devrait être l'école de morale et d'intelligence de ceux qui *n'ont rien*, le refuge de la misère involontaire. Que de gens sans travail sont vagabonds, qui seraient de bons et honnêtes soldats, si l'armée leur offrait une carrière modeste !

La recrudescence de vagabondage, constatée d'année en année, n'a pas d'autre cause, et elle s'accentuera infailliblement jusqu'à une catastrophe.

On dira que ce système peuplerait l'armée de vauriens : Eh bien ! ne les avez-vous pas aujourd'hui ; ne les aurez-vous pas demain ? Il s'agirait plutôt d'en empêcher, par le travail et la moralisation, la multiplicité dans l'avenir.

Ainsi, une partie des citoyens, qui n'est pas la plus nombreuse, n'a aucun goût, en temps de paix, pour le métier de *simple soldat ;* mais en revanche elle en a un très prononcé pour l'officialat et les hautes études, les professions libérales, le commerce et la magistrature. l'Église et l'industrie ; enfin, pour toutes les professions où, au lieu d'obéir, on commande ; au lieu de travailler, on regarde travailler les autres. Ces dispositions sont extrèmement naturelles et raisonnables. Il n'y a réellement rien d'agréable, quand on a des domestiques à la maison, d'être condamné à remplir de grossières corvées ; d'obéir à des caporaux qui doivent éprouver quelque plaisir à *réitérer*.

Cependant, c'est pour ceux-là seuls, pour leur propre sécurité, pour défendre et garder leurs biens, les institutions qui les protègent, que l'armée, la police et la justice ont été instituées. Ceux qui *n'ont rien* n'ont aucun besoin de ces appareils coûteux, et cependant ils n'affectent pas, pour un service qui ne leur rapporte rien, le dégoût invincible que ressentent ceux à qui ce service est indispensable.

La servitude militaire est si bien enracinée dans les mœurs qu'elle est considérée comme une nécessité absolue. « Que chacun serve, » dit le pauvre dans ses naïves revendications d'égalité devant un devoir qu'il ne doit pas. Que chacun serve ! Que les riches mangent un pain dont ils n'ont pas besoin et dont le prix retombe sur les contributions indirectes. Les députés réclament la réduction de la durée du service. L'une ou l'autre de ces mesures, également désorganisatrices, ne peut qu'aggraver la situation du prolétaire. Il n'y a d'autre remède que dans l'application de ce principe : l'Armée, c'est une école, c'est du travail, c'est du salaire.

Si le simple soldat disposait seulement d'un salaire de dix sous par jour, en dehors de son entretien militaire, pour fumer à son gré et boire *la goutte* avec les camarades, chacun suivrait sa vocation ; le curé dirait sa messe tranquillement ; le séminariste resterait dans son séminaire ; le moine, dans son couvent ; le négociant, l'industriel à ses affaires ; l'agriculteur à sa charrue, et ceux que charment les hautes études continueraient à suivre les cours des hautes écoles. Prétendre faire des guerriers malgré eux en deux ou trois ans est aussi sensé qu'il le serait d'obliger les commandants, les généraux, les évêques, les avocats et les rentiers d'aller à la charrue ; les poètes, les pein-

tres et les musiciens, de se faire bouchers; les industriels
et les banquiers de se constituer rouliers. Et cependant,
ces contraintes absurdes comporteraient moins d'injustice
que celle d'obliger à *servir* pour rien de malheureux
qui n'ont rien.

J'approuve les conservateurs quand ils repoussent le
service de trois ans : je partage leurs alarmes quand ils
affirment qu'il sera la décapitation de la nation française :
je partage le peu de goût qu'ils ont pour le service, en temps
de paix, de simple troupier: mais j'approuve aussi les libéraux, en l'état actuel, de ne vouloir servir que vingt-deux
mois; je les approuve encore d'exiger que du prêtre
au séminariste: du normalien au polytechnicien : de l'école
primaire aux écoles supérieures. chacun soit soumis, as-
treint au devoir sacré de défendre la patrie. La rigueur
absolue appliquée à l'accomplissement de cette loi sera le
prélude immanquable du démolissement de la plus antique des servitudes.

Eh bien ! il y a un moyen trèsjuste, très simple, le plus
simple du monde, dérivé de la formule, pour concilier
cet antagonisme implacable, pour donner satisfaction à
deux adversaires qui ont également raison.

Celui *qui a doit* garder ce qu'il a ; s'il ne le garde pas
personnellement il *doit payer* celui qui lui rend ce service.

Si vous *avez un champ* vous *devez travailler* ce champ
pour qu'il vous rende ; si vous le faites travailler par un
autre, vous lui *devez un salaire*. Si vous le lui faites garder. vous lui *devez un salaire*.

Le *Devoir* de travailler votre champ donne au prolétaire *un Droit* : le salaire.

Le *Devoir* de garder votre champ lui donne aussi *un Droit* : le salaire.

Vous et moi, nous avons le *Droit de vivre* et le *Devoir de nous conserver*.

La justice seule fait disparaître les divergences.

Quand le droit acquis paiera son devoir correspondant ;

Quand le devoir accompli acquerra son droit correspondant, les conservateurs organiseront librement, s'il leur convient, un service militaire, non de vingt-deux mois, mais de vingt-deux ans, et les libéraux n'auront rien à répliquer.

§ X. — *Le devoir de la Justice.*

Il existe un service de pompes et de pompiers contre l'incendie. Aucun autre ne possède une organisation plus parfaite. Quelques minutes après l'apparition du fléau, les hommes et les engins pour le combattre sont là versant des torrents d'eau sur l'élément dévastateur. Pensez donc ! il s'agit de sauver la propriété. Il semblerait tout naturel que celui qui a besoin des pompiers et de ses accessoires *doive* les frais qu'ils occasionnent ou, tout au moins, que les frais généraux de cette admirable organisation dussent retomber exclusivement sur ceux qui possèdent des choses susceptibles de brûler : pas du tout : par le système des contributions indirectes, ce sont *ceux qui n'ont rien* qui paient les pompiers et, par dessus le marché, ce sont les individus appartenant à leur classe qui sont les pompiers.

Les gendarmes, la police, les avoués, les avocats et les juges constituent une organisation du même genre. sous la différence que. au lieu de combatre un fléau naturel, destructeur de la propriété, ils combattent des attaques humaines contre la propriété. Les tribunaux et les cours ne sont pas la justice, qui est dans les lois. mais un instrument d'application de la justice; une machine compliquée de rouages dont chacun *doit* (devoir), parce qu'il est payé (droit). accomplir une fonction déterminée. Et l'ensemble des fonctions est de ramener l'équilibre entre le droit et le devoir individuels; c'est à dire d'imposer au droit acquis un devoir, d'assurer au devoir accompli, un droit.

Dans ces affaires, il y a toujours un offensé et un offenseur, un lésé et un *léseur* appartenant l'un et l'autre aux classes qui ont ou qui n'ont pas. De sorte que tous les citoyens d'une société sont également intéressés à l'établissement et au bon fonctionnement de la machine. Les droits de chacun d'eux pouvant être éventuellement méconnus, il est nécessaire que l'appareil soit permanemment en ordre pour accourir aussitôt au secours des *sinistrés*.

Puisque ce service est utile et commun à tous les citoyens ; puisqu'en l'état actuel tous les citoyens contribuent au paiement des impôts, pourquoi ne le rend-on pas entièrement gratuit ?

Car, en constatant la cherté du papier timbré, la rapacité des avoués et des avocats, il est dérisoire de dire que la justice, en France, est rendue gratuitement. Pourquoi n'y a-t-il pas, attachés aux tribunaux, un nombre de fonctionnaires fixes payés par le budget au même titre que les juges, et chargés de revendiquer et défendre les citoyens ? Rien n'empêcherait les riches plaideurs de recourir, s'il le voulaient, aux *matadors* de la chicane ou de la haute éloquence.

Pourquoi, dans certains cas, interdit-on au plaideur de se défendre lui-même ?

Pourquoi frapper d'un impôt le papier indispensable à l'œuvre de la justice et transformer ainsi un *droit* en un lourd *devoir ?*

Car, *recevoir justice* répond au droit social primordial : Être défendu, dont le devoir correspondant est : Défendre.

On pratique la solidarité dans les institutions des cultes, de la guerre, de l'instruction, de l'incendie : partout où elle favorise les intérêts des citoyens qui ont des *droits acquis ;* mais dès que la solidarité est réelle et générale, comme dans la vie, la mort et la justice, alors qu'elle serait un juste bienfait pour ceux qui n'ont que des droits en espérance, des *droits à acquérir* par des devoirs, on reste en route ou l'on fait semblant de l'oublier.

De la comparaison de la machine contre les dangers intérieurs et de la machine contre l'incendie, ressort une autre remarque : les pompiers accourent avec une célérité extraordinaire, les juges se hâtent lentement. Il faut des années, souvent, pour appeler des affaires que l'on juge et plaide en quelques heures.

Cependant, dans le premier cas ce ne sont que des intérêts matériels, toujours assurés, qui sont en péril ; dans le second, ce sont, quelquefois, des intérêts dont dépendent le bien-être ou la vie de toute une famille pauvre.

Ceux qui ont des droits acquis ne se plaignent pas de ces lenteurs : Ils ont les moyens d'attendre. Il n'est pas rare d'entendre un riche plaideur s'exclamer au cours d'un procès injuste : « Je serai condamné, je dépenserai cinquante mille francs ; mais je ruinerai mon adversaire. » Il est des pauvres qui, effrayés des dépenses à faire et du temps à perdre, renoncent à revendiquer les droits les mieux établis : d'autres *pots de terre* seraient insensés s'ils osaient lutter contre des *pots de fer*.

Dès qu'il faut payer la justice, il n'y a pas de justice, puisque les pauvres ne peuvent pas plaider.

On vote des centaines de millions pour entreprendre des expéditions lointaines injustes, et on lésine sur quelques centaines de mille francs pour augmenter le nombre des juges par la suppression de l'abominable profession libérale des avocats et des avoués.

Car, les juges font leur devoir : mais les avocats, tantôt l'un et tantôt l'autre, ne sont jamais prêts, entravent tout, et demandent dix fois la remise à quinzaine. Plus le procès dure, plus les provisions redoublent. Ils entretiennent un procès comme un médecin, une maladie.

Aussi longtemps que les législateurs n'auront pas

reconnu le droit naturel, la vie et le devoir naturel de la
conserver, les droits sociaux, sans fondement, seront
variables avec les temps, les lieux, les événements et les
gouvernements. Ce ne sont pas des lois qu'ils élabore-
ront, mais de simples règlements tantôt en faveur d'une
classe et tantôt en faveur d'une autre. On peut s'en
rendre compte dans tous les pays civilisés par la quantité
de lois qui, chaque année, apparaissent et disparaissent ;
démontrant ainsi, avec la dernière évidence, que la
Vérité, le Bien, la Justice, le Droit, qui sont des unités
fixes, immuables comme le Soleil, sont encore, pour les
philosophes et les législateurs, des *quantités inconnues*.

Il en résulte qu'on légifère à tort et à travers, aussi
bien sur les choses immatérielles et invisibles, qu'il n'est
donné à personne de juger et d'apprécier, que sur les
choses matérielles. Alors les lois constituent un fouillis
inextricable d'où les juges les plus laborieux, les plus in-
tègres et les plus éclairés ne peuvent se dépêtrer sans y
déchirer leur robes. Quoi de plus navrant que le spectacle, trop souvent répété, de ces accusés condamnés aujourd'hui et acquittés demain ?

Et qu'on le remarque bien : ces conflits de la justice
ne se produisent que sur des questions immatérielles d'o-
pinions, de croyances, de pensées ou d'honneur ; c'est-à-
dire sur des *matières* sentimentales, essentiellement libres,
sur lesquelles les hommes n'ont à voir qu'individuelle-
ment et qui sont en dehors de toute législation sociale.
On a vu, dernièrement, les conséquences funestes que ces
institutions peuvent entraîner.

Eh quoi ! Voici des républicains qui, avec juste raison

ne reconnaissent aucune valeur morale à l'institution de la noblesse, ce dernier vestige inoffensif de la féodalité, et qui s'apprêtent à légiférer sur le signe apparent de l'honneur !

Sait-on, seulement, ce qu'est l'honneur, à quels signes on le reconnaît et quels sont les hommes qui ont véritablement des titres à se parer de son signe ?

On décore de riches industriels et agronomes : jamais les pauvres paysans ; les intelligents : jamais les ignorants ; les gens qui jouissent : jamais ceux qui souffrent.

Si l'on décorait les gens qui font leur devoir : c'est-à-dire les honnêtes gens, le signe de l'honneur deviendrait une banalité. On décorerait les travailleurs : jamais les oisifs.

Car le travail, quelle que soit sa nature, est le seul honneur, la seule noblesse de l'homme, le type de ses devoirs. L'homme qui ne produit rien, pendant son passage sur la terre, est moins utile à la société qu'un porc, dont la chair sert au moins, après sa mort, à la confection d'andouilles exquises.

§ XI. — *Du Devoir générique de payer l'impôt.*

L'impôt que les citoyens doivent est représenté par la totalité des dépenses que les ministères sont autorisés à faire.

Nous avons vu que les institutions des cultes et de l'instruction publique intéressent particulièrement les citoyens qui ont des *droits acquis* et que, par conséquent, il leur incombe le devoir d'en acquitter les dépenses.

Nous avons vu que le ministère de la guerre, par la sécurité qu'il assure aux *droits acquis,* accentue ce caractère par la circonstance que ceux qui n'ont que des *des droits à acquérir* (rien) sont forcément chargés de remplir gratuitement un devoir qu'ils ne doivent pas et que, de plus, par les contributions indirectes, ils contribuent, pour la plus grande part, à payer les dépenses de cette administration. La solidarité imposée sur ce service est donc un double attentat contre la vie des citoyens qui n'ont rien d'acquis et rien à défendre.

Par contre, le Ministère de la justice, qui intéresse tous les citoyens, est classé dans les institutions non solidaires et certaines des dépenses qu'il entraine sont acquittées par les plaideurs. Il est vrai qu'en l'état, si elles étaient reportées sur le budget, la charge en reviendrait, plus pesante, sur les prolétaires ; mais il n'est pas moins vrai que si *ceux qui ont* les choses payaient l'impôt, ce service commun à tous les citoyens devrait être rendu gratuitement.

J'estime superflu d'étendre sur chacun des autres ministères une démonstration qui aboutirait aux mêmes constatations.

Qu'est-ce que le ministère des finances a de commun avec le prolétaire, qui est toujours sans finances ?

En quoi le ministère des beaux-arts l'intéresse-t-il ?

Quelle jouissance rapporte-t-il à l'immense majorité du peuple ?

En quoi les ministères de l'agriculture et du commerce sont-ils utiles à ceux qui ne possèdent ni une motte de terre ni une échoppe ? A ceux-là sans qui il il n'y aurait ni commerce ni agriculture ?

Que rapportent les colonies à ceux qui sont dans l'impossibilité de s'y rendre ?

Qu'est-ce que le prolétaire a à voir dans la *diplomatie?* Que peut-il espérer en la *Guerre* et la *Marine?* Qu'a-t-il à défendre contre l'étranger?

Que m'importe *l'instruction publique* des enfants des autres? Que chacun instruise les siens, à **son** gré et à ses frais.

Il y a un ministère des travaux publics utile à *ceux qui ont ;* mais il n'y a pas de ministère de l'organisation du travail, qui serait utile à *ceux qui n'ont rien.*

Rien n'est plus utile à ceux qui ont des droits acquis (les choses), que les armements et les forts: les ports, les routes et les canaux. Subventionnez tout ce que vous voudrez pour que les denrées de vos commerces, de vos cultures circulent avec rapidité: encouragez la tragédie, la comédie et l'opéra ; entassez dans des palais les chefs-d'œuvre artistiques pour le raffinement de vos jouissances; étudiez les pôles, les étoiles filantes, la carte du ciel, les passages de Vénus et les taches du Soleil, si le cœur vous en dit; faites même de temps en temps des ripailles à l'hôtel-de-ville pour favoriser la reprise des affaires; couvrez la terre d'entreprises capables de favoriser vos intérêts

communs ; que vos fils remplissent les hautes écoles
et, par le surnumérariat, les administrations : toutes
ces choses seront admirables dès que le pauvre diable
ne contribuera pas, en achetant son pain, à payer des
jouissances que la misère lui interdit.

Les économistes et les législateurs les plus autorisés,
même ceux qui ont un intérêt au maintien de l'ordre de
choses existant, sont d'accord sur ce point : que les devoirs afférents au capital, c'est-à-dire le paiement des
impôts, est dû exclusivement par ceux qui ont le capital
et au prorata de la quantité qu'ils en possèdent.

Malheureusement, ils ont blanchi, depuis un siècle, à
la recherche d'une *assiette*, d'une base assez solide sur
laquelle ils puissent asseoir cette lourde charge. Ils n'ont
jamais pu découvrir un critérium capable d'atteindre
les choses, proportionnellement, équitablement, prati-
quement. Ce problème a paru tellement insoluble qu'un
député a pu dire en pleine Chambre :

« Depuis 1791 jusqu'en 1872, il y a eu un effort cons-
« tant pour rendre l'impôt proportionnel aux *bénéfices*
« du contribuable ; mais, il faut bien le dire, ce problè-
« me est du même genre que celui de la *quadrature du*
« *cercle* ».

La plupart des auteurs reviennent sans cesse sur cette
difficulté :

M. Léon Faucher : « Les contributions indirectes sont
répandues en sens inverse des facultés contributives : on
voit trop que les propriétaires ont fait la loi et qu'ils
l'ont faite dans leur seul intérêt. »

R. Cobden : « Un impôt sur la nourriture équivaut à une taxe sur le revenu, progressive *en sens inverse des ressources du contribuable.* »

H. Passy : « En matière d'impôts, il est un principe fondamental dont on ne saurait s'écarter impunément : c'est celui de la proportionnalité. L'impôt doit peser *sur les choses et non sur les personnes,* et toute combinaison qui se propose d'appeler les individus à concourir aux dépenses publiques dans une mesure autre que celle dont ils *jouissent* dans le revenu général, ne peut produire que des résultats à la fois injustes et pernicieux. »

« Il faut que celui-là seul paie l'impôt, qui peut le payer, et quand on peut prouver qu'il est en état de le payer, uniquement quand on peut le prouver, et non pas sur de simples allégations, de façon qu'il suffise de dire aux contribuables : « Vous êtes riches. » Non, il ne faut pas que ce soit la volonté du taxateur qui décide : il faut qu'on puisse faire reposer l'impôt sur la preuve incontestable de la richesse. » Thiers.

« Il est reconnu que rechercher la stricte justice en
« matière de contribution, ce serait s'engager dans un
« dédale inextricable. » (Le Couppey. *De l'impôt foncier*).

« Ah ! je voudrais bien qu'on m'indiquât des impôts
« savants, des impôts démocratiques qui n'auraient pas
« d'inconvénients » (M. Magne, 30 déc. 1873).

« L'impôt étant le prix que le citoyen paie pour des
« *jouissances,* on ne saurait le demander à celui qui ne
« *jouit de rien* ; il ne doit donc jamais atteindre la partie

« du revenu qui est nécessaire à la vie du contribuable. »
(Sismondi : *Nouveaux principes d'économie politique*).

« Si la taxe porte sur les denrées de premier besoin,
« c'est le comble de la cruauté (Raynal). »

« La classe salariée ne gagnant que l'argent nécessaire
« à sa subsistance, mettre un impôt sur elle c'est vouloir
« qu'elle paye avec un argent qu'elle n'a pas (Condillac). »

« L'impôt ne peut être assis que sur des valeurs, et
« qui n'en possède aucune a un titre d'exemption (Montyon). »

« Les contributions indirectes sont pour les pauvres
« l'impôt progressif pris à rebours (Bastiat). »

« L'impôt s'adresse à la faim, à la soif, à la nudité, à
tout ce dont l'homme ne peut se passer » (Benard).

M. Menier : « Cette *fortune* nationale est *détenue* par
des millions de personnes. C'est sans doute par l'intermédiaire de ces personnes que le fisc prendra sa *part;*
mais elles ne doivent être que des instruments de perception. Elles doivent payer une part proportionnelle à
la partie de la *fortune publique* (!!) qui est en leur possession. Ce n'est pas parce qu'elles existent qu'elles
paient, c'est parce qu'elles *possèdent les choses.* »

« L'impôt devrait ménager, respecter chez le contribuable un minimum de besoins; l'impôt ne devrait pas
frapper les consommations. »

« Mais ce minimum de besoins, qui le fixera? Qui le
déterminera? Où s'arrêtera-t-il? Tant qu'on n'aura pas
trouvé un critérium certain d'appréciation de ce mini-

mum, le problème ne sera pas résolu. (*Théorie et application de l'impôt sur le capital.*) »

Ainsi les grands économistes conviennent : que l'impôt frappe un grand nombre de citoyens qui ne le doivent pas; qu'il est réparti sans proportionnalité entre ceux qui le doivent et que le système sur lequel il repose offre à un grand nombre de ceux-ci les moyens de s'y soustraire.

Tous avouent que le régime fiscal actuel est défavorable et qu'une réforme s'impose. Voilà cent ans que l'on dispute sur des systèmes qui auraient pour base le revenu, les revenus ou le capital, l'impôt progressif, etc., sans jamais aboutir : signe évident que ces systèmes ne représentent ni la vérité, ni le droit, ni la justice. Tant que les divergences subsisteront sur cette question capitale, on ne réalisera aucune réforme durable. Tant que l'impôt ne reproduira pas dans sa répartition la loi de régularité et d'équité immuables que l'on constate dans la répartition des rayons du soleil, il ne faut compter ni sur une générale acceptation d'un système ni sur l'amélioration sociale : l'erreur ne peut donner le bien. Or, les rayons du soleil n'ont d'action que sur la matière. Où la matière n'existe pas, dans l'espace inter-planétaire, il n'y a ni mouvement, ni chaleur, ni lumière. Il suffit de faire l'ascension d'une montagne ou un voyage à l'Équateur pour se rendre compte que ces éléments sont répartis proportionnellement à l'intensité de l'atmosphère; que la quantité d'atmosphère est proportionnelle à l'intensité du mouvement de la terre; que la terre, en se mouvant, travaille et fabrique l'atmosphère, facteur, esprit de la matière et *jouit* de la chaleur et de la lumière au prorata de son importance, au prorata du travail de la matière.

De même dans l'ordre social, la propriété naturelle, sous l'effort de l'homme (travail), produit le capital; le capital et le travail présent sont les deux facteurs du capital *immédiat*, du produit-réel, co-facteur du travail, qui donne enfin le capital-réel: la jouissance.

Il s'ensuit que la jouissance est la synthèse de tous ces capitaux; qu'elle est réellement le but, la fin, la récompense de la possession des capitaux, qu'elle indique exactement le degré de capitalité, la valeur intrinsèque correspondant à chacun de ces facteurs ainsi que la quantité que chacun en possède.

En d'autres termes, le capital et le travail sont des moyens passifs (devoirs) dont la conjonction a pour objet de produire la jouissance (droit), unique et véritable capital réel.

La jouissance, résultat des fonctions psychologiques et physiologiques, ne se peut manifester dans l'ordre physique, exclusivement sous la dépendance de l'ordre social, que par des actions matérielles visibles, lesquelles révèlent infailliblement la possession d'un capital; et plus ces actions particulières sont répétées, plus la quantité de capital possédé est importante.

Mais il faut bien comprendre que je n'ai en vue ici que les jouissances sociales, qui se manifestent par des actions externes et avec le concours des êtres et des choses.

Les jouissances internes, purement psychologiques et par cela même absolument individuelles, n'ont rien à voir avec la société, le fisc et la révélation des capitaux.

Si je me délecte dans les jouissances de l'amour ou de l'intelligence; si mon bonheur est de faire la charité, d'aller à la messe ou au théâtre, j'acquiers ainsi des jouissances qui doivent à la messe et au théâtre, mais rien au fisc ; parce qu'elles ne sont pas le produit d'un capital matériel m'appartenant.

La jouissance est donc la représentation exacte de la quantité des capitaux possédés.

Et puisque tous les savants reconnaissent que la charge de l'impôt incombe à ceux qui ont les choses; puisque la justice sociale exige que tout droit acquis *paie* un devoir; puisque la loi naturelle défend d'attenter à la vie, et que prendre l'impôt à des individus qui n'ont rien, pas même le nécessaire, est un attentat formel, il s'ensuit que l'impôt doit être prélevé sur ceux qui possèdent les choses, des droits acquis, ou sur la *jouissance*.

Atteindre les choses par l'inventaire ou les atteindre par la jouissance matérielle (car la jouissance immatérielle n'est point du domaine social), sont deux opérations distinctes qui aboutiraient à un même résultat. Il s'agit de rechercher, en une rapide étude, si l'une ou l'autre de ces *assiettes* de l'impôt est réellement praticable, et laquelle de ces deux méthodes est capable d'atteindre la totalité des capitaux.

§ XII. — *De l'impôt sur le Capital.*

M. Menier, dans un beau livre : *Théorie et application de l'impôt sur le Capital*, a développé magistralement un système d'application de la première méthode.

Malheureusement son système, qui n'a d'autre critérium pour connaître les capitaux que l'inventaire, offrirait les mêmes inconvénients de vexation et d'inquisition, envers le contribuable, que l'on constate dans les systèmes en vigueur; de plus, il laisserait échapper, sans satisfaire au devoir de l'impôt, le véritable capital réel, le seul entièrement réalisé, le seul capable de fournir à son possesseur une jouissance immédiate : le capital circulant.

Pourquoi le capital fixe supporterait-il seul la charge de l'impôt ?

Pourquoi ce que j'ai démontré être la « propriété » : les professions libérales, scientifiques, artistiques et littéraires, etc, — qui procurent des jouissances et des capitaux réels autrement importants que ceux d'un laboureur — échapperait-elle à l'impôt ? Et pourquoi celui-ci, qui travaille péniblement, en serait-il écrasé ?

Pourquoi le banquier, le spéculateur, le joueur, le négociant, le rentier, etc. qui ont les moyens de vivre jusque dans l'opulence sans posséder le moindre capital fixe, seraient-ils exempts d'impôt ?

Pourquoi le prêteur, l'usurier, le capitaliste qui ont hypothéqué ces grands domaines, ces manufactures et ces maisons ; pourquoi le possesseur réel serait-il exempt d'impôt et pourquoi le possesseur apparent, négatif, ruiné, le paierait-il ?

Pourquoi le travail lui-même, ce facteur actif de la richesse, ne contribuerait-il pas à payer l'impôt sur son superflu circulant ?

Est-ce que le capital, parce qu'il est circulant, ne procure pas de jouissance ? Est-ce qu'il n'a pas autant besoin de sécurité et de travaux communs que le capital fixe ?

Pourquoi grever exclusivement un seul facteur de la richesse, le plus éventuel, et dégrever les autres, les plus réels et positifs ?

M. Menier a cru répondre à ces objections. Il n'a pas vu que ses réponses mêmes, loin de les réfuter, n'aboutissaient qu'à les fortifier. Naturellement son système est resté dans la *dte*, laissant en dehors, pour toute valeur, la tendance à l'unicité de l'impôt. Le mérite de l'auteur est dans l'intuition qu'il a eue d'une formule inconnue, qu'il a dû rechercher avec passion et qu'il eût certainement payée cher. Il n'était pas dans la situation requise pour incuber et engendrer une pareille conception. Il était trop pénétré de sa grandeur industrielle et de son rôle de patron bienfaisant et généreux pour entrevoir que cette situation même avait été créée, hors du droit naturel et hors du principe : « l'illégalité de l'action de l'homme sur l'homme » qu'il s'efforçait d'établir... *dans ses livres.*

M. Menier s'est imaginé qu'il enseignait au gouvernement les moyens infaillibles d'enrichir et fortifier la nation, alors qu'il n'enseignait réellement que ceux de faire fructifier les capitaux industriels : c'est-à-dire de multiplier les pauvres, d'appesantir « l'action de l'homme sur l'homme », et, par conséquent, d'affaiblir la nation.

En quoi la production, en raison géométrique de la circulation des capitaux, intéresse-t-elle le prolétaire ? Où a-t-il vu que les salaires avaient pour mesure le bénéfice des patrons ?

Le capital fixe n'est pas plus *capital*, n'est pas plus *fixe* que le capital circulant. Le capital circulant n'est pas plus la source du capital fixe que celui-ci n'est la source de celui-là. La vérité c'est que l'un et l'autre proviennent de la même source : la propriété et le travail : que l'un et l'autre procurent les mêmes jouissances, exigent la même sécurité et *doivent* les mêmes impôts.

Le capital fixe n'est pas *fixe* dans sa valeur : une guerre malheureuse, une crise commerciale prolongée, la guerre civile, etc., l'affectent, la propriété foncière surtout, en des proportions qui peuvent atteindre 50 p 0/0 de moins-value, et c'est précisément en cette malheureuse occurrence que l'impôt unique sur le capital fixe dirait aux contribuables : Vous avez perdu la moitié de votre fortune, c'est pourquoi je vais doubler ma quote.

Il est très bien que l'impôt soit prélevé sur les choses au prorata de la quantité que le contribuable en possède : seulement, par le procédé Menier, le possesseur est dans l'inconnu, et la quantité est indéterminable. Ce domaine, cet établissement industriel, cette maison de rapport peuvent être grevés de deux ou trois hypothèques ou de dettes particulières dépassant la valeur de ces choses. Vous frapperez l'apparence au lieu de la réalité. Le malheureux qui se débat dans le devoir, dans le travail et que l'usure exploite, paiera l'impôt ; les jouisseurs ne paieront rien.

L'erreur de M. Menier vient de la signification arbitraire qu'il a donnée aux mots « *identité* » et « *utilités* ». Tout est utilité. Celle qu'il adopta pour identité est équivalente à « *stabilité* » *dans la forme*. Or, une terre en friche n'a d'utilité réelle qu'autant qu'elle est transformée, par le travail, en culture ; une mine n'a d'utilité qu'autant qu'elle est en exploitation : donc ces utilités ne produisent de l'utilité qu'autant qu'elles perdent leurs identités : donc, d'après les propres définitions de M. Menier, ces capitaux fixes : les propriétés et les mines, sont de simples capitaux-circulants, et tout capital est circulant.

A quoi bon ergoter sur des subtilités systématiques qui sont en contradiction avec les lois mêmes de la nature ? Rien, pas même la terre, ne conserve son identité : les continents sont où fut la mer ; ils seront demain où elle s'étend aujourd'hui. Nous vivons sur des mondes disparus dans les profondeurs. Ce qui est mort a vécu et ce qui a vécu vivra. Tout se meut et tout change plus ou moins rapidement ; tout est capital circulant. Toutes les choses de la nature sont destructibles dans leurs formes et immuables dans leur essence. Phénomènes, nous ne connaissons que des fixités relatives. Plus les choses sont fixes, moins elles valent ; plus elles sont circulantes ou capables de circulation, plus elles ont de valeur. L'impôt sur le capital-fixe repose sur des non-valeurs. Le domaine, la ferme, l'usine et les machines, la forêt et le navire, les mines d'or et de houille ne sont rien sans le travail et le travail est propriété personnelle. D'un autre côté, le travail est impossible, est une non-valeur sans ces choses : donc vous ne pouvez *imposer*, séparément, ni le travail ni les choses. Vous ne pouvez fixer une valeur à l'éventualité.

Chaque année des terres s'enrichissent ou s'appauvrissent ; d'infertiles deviennent fertiles ; elles sont détruites ou bonifiées par les inondations accidentelles. Les constructions se détériorent ou sont restaurées. On y fait des agrandissements plus ou moins considérables. Ces machines, qui fonctionnaient quand le fisc en a pratiqué l'inventaire, ont été arrêtées trois mois après par suite d'un incendie, d'une crise, d'une grève ou d'une faillite ; ou bien le nombre en a été triplé, ou bien elles ont été remplacées par un système de valeur différente ; il faudra recommencer un inventaire chaque année, peut-être même trois ou quatre fois ; se livrer à une inquisition générale et continue, occuper la moitié de la population à surveiller, inventorier et taxer l'autre.

Tant qu'il s'agirait d'opérer sur des propriétés matérielles nettement déterminées et relativement fixes, ces difficultés ne seraient sans doute point insurmontables ; mais sur quelle base, par quel étalon évaluer une mine ? Comment discerner, dans une écurie ou dans un pâturage, les animaux servant à l'exploitation de ceux qui sont destinés au commerce ? Et finalement, dans les sucreries, par exemple, les bœufs travaillant pendant l'été, sont engraissés pour la boucherie pendant l'hiver.

Les tableaux, les objets d'art font partie du Capital-fixe. Il faudra les inventorier dans toute la France, en même temps que les ustensiles de ménage ; les assiettes et les soupières, les serviettes et les torchons. Voyez-vous de savants experts évaluant les tableaux et comptant la lingerie, ou des répartiteurs vulgaires estimant des œuvres d'art ?

Voilà, « l'impôt unique dont la perception sera économique : l'impôt bien défini, solidement assis sur une assiette fixe, ne présentant aucune prise à l'arbitraire. C'est la substitution d'une loi naturelle à une loi factice ».

Une loi, pour être *naturelle*, doit être universelle. L'application doit en être possible dans l'état civilisé comme dans la tribu primitive. Or, dans les régions tropicales, une des branches du capital individuel consiste moins en de vastes étendues de terres incultes et sans valeur, que dans l'innombrable bétail de bœufs, vaches, chevaux, mulets et ânes, qui paissent et multiplient sur ces superficies. Sur les plateaux du Mexique, dans les *llanos* de l'Amérique Centrale, dans les *pampas* de la République Argentine, dans les plaines de l'Ouest des États-Unis, il y a des troupeaux de milliers et milliers de bêtes que leurs propriétaires ne dénombrent qu'à la longue : qui fera cet inventaire annuel sur des milliers de lieues carrées?

Ainsi le capital relativement fixe est insaisissable par le fisc dans sa valeur parce qu'elle est éventuelle, et dans ses nombreux possesseurs, parce qu'on ne peut les découvrir sans pratiquer une inquisition vexatoire.

Si le fisc est impuissant à inventorier les choses visibles et stables et dont la production affecte le moins l'identité, il est évident qu'il serait insensé de prétendre à la possibilité d'évaluer les capitaux circulants : monnaies, papiers, marchandises, qui se transforment et passent de mains en mains chaque jour et à toute heure.

Et pourtant, le capital-circulant est plus capital que le capital-fixe. Il est plus solide, plus parfait, plus facile à garder, à défendre, à dissimuler que le capital-fixe. Il est plus que celui-ci capable de procurer des jouissances immédiates, de procurer même tous les autres capitaux. Il n'y a pas un négociant ni un particulier, faisant son inventaire, qui ne fasse figurer comme capital-fixe, plus fixe que ses propriétés de valeur variable : 1º sa caisse ; 2º ses actions, obligations, titres de rentes ; 3º la balance de ses comptes-courants ; 4º les bénéfices réalisés : capitaux-circulants.

Si vous épargnez le capital circulant, vous grevez d'autant le capital-fixe.

Des négociants possèdent l'un et l'autre et l'on ne voit pas ce qu'il leur importe de puiser les impôts qu'ils doivent sur la valeur CC ou sur la valeur CF. Les uns ont un CC disproportionné avec le CF ; les autres n'ont rien de celui-ci et énormément de celui-là : ils seront donc exempts d'impôts. Est-ce juste ?

Vous vous évertuez à démontrer que le CC, bien manié, peut rapporter jusqu'à 32 ou 40 p. 0/0 par an et vous vous figurez qu'ils s'en vont immédiatement convertir en CF, pour le plaisir de payer des impôts, une pareille vache à lait qui n'en paie pas ! S'il en était ainsi, vous les traiteriez d'idiots.

La monnaie n'est point ce que les économistes pensent généralement : un signe représentatif des valeurs réelles ; mais bien une valeur réelle acquise au même titre qu'un champ défriché, par une somme de travail antérieur. Tirer de l'intérieur de la terre des métaux utiles, c'est agrandir le domaine de l'humanité, le champ à cultiver, le capital et les jouissances. C'est une valeur de premier ordre par suite de la confiance qu'elle inspire. On peut dire avec autant de raison : la monnaie représente les capitaux-fixes ou les capitaux-fixes représentent tant de monnaie.

C'est la lâcheté que les hommes ont eue de travailler pour les autres qui amena la transformation du sol de propriété collective en propriétés individuelles. Les hommes n'eussent jamais enclos plus de terrain qu'ils n'en pouvaient défricher, cultiver et défendre, si d'autres hommes, entraînés par l'ignorance et le désir de la jouissance immédiate, n'eussent contracté des dettes et pris l'engagement de les payer par leur travail.

Le système est encore en pleine exploitation dans les républiques hispano-américaines, tant dans l'industrie que dans les exploitations agricoles. Là, on recrute les travailleurs par l'encouragement à la démoralisation : le dimanche, alors qu'ils sont dans la fièvre du jeu et sous l'empire de l'ivrognerie, on leur prête de la monnaie contre un engagement de travail futur. Si les engagés ne s'exécutent pas, des escortes *ad hoc* les poursuivent, les attachent et les conduisent au travail. Si les patrons ne corrompaient pas en prêtant, l'indien ferait son *rancho* et sa *huerta* dans la forêt vierge.

Dans les pays civilisés, il n'est plus besoin de recourir au prêt ni à l'autorité : le travail ne pouvant s'exercer que sur des éléments naturels et ceux-ci étant totalement possédés, le travailleur est à la merci des possesseurs. Le travail est une faveur, et pour l'obtenir, il doit se montrer humble, soumis, suppliant même.

L'ignorance, la paresse et la corruption par la monnaie sont les causes, dans les pays incultes, de la possibilité des propriétés individuelles du sol. Dans les pays civilisés, la monnaie est la cause de son accaparement progressif, par suite de la multiplication des prolétaires.

Sans la monnaie, le sol serait resté propriété nationale collective, jamais individuelle et il eût été cultivé par des hommes libres, jamais par des mercenaires. La majeure partie du sol appartient réellement à la monnaie et c'est la monnaie qui en récolte véritablement le produit. Et plus les sociétés civilisées vieillissent, plus ces situations s'aggravent.

C'est la monnaie qui impose la protection des choses, parce qu'en élevant la valeur des produits, on élève la valeur des éléments possédés qui les donnent. La possession du facteur de la richesse : *capital*, devenant inabordable au facteur : *travail*, la misère et la multiplication des prolétaires sont irrémédiables.

Otez la monnaie et ses signes représentatifs, et vous faites disparaître les énormes accumulations du capital et ces sentiments de distinction et de mépris, de richesse et de pauvreté, qui engendrent l'envie et la haine ; car, dans l'impossibilité de conserver pendant plus d'une année des denrées que la nature fit altérables, les hommes recourraient nécessairement et sans cesse au travail. Les hommes ne connaîtraient entre eux que les inégalités physiques et morales naturelles, sagement limitées par la nature. La jeunesse, la grâce et la beauté seraient le prix de la force, de la vigueur et de la santé mâles. L'amour ne s'allierait qu'à l'amour. On ne verrait plus le spectacle répugnant, si fréquent de nos jours, d'une jeune vierge prostituant son corps dans les bras rhumatisants d'un vieillard usé, uniquement parce qu'il a de la fortune. Les hommes, laborieux, égaux et libres, n'accepteraient les fonctions exécutives de la volonté du peuple que par vertu et dévouement. Nous ne verrions plus entre eux ces haineuses compétitions pour gouverner, et les peuples feraient des lois au lieu d'en recevoir.

Avec la monnaie inaltérable, capitalisable, circulante et fixe, sous un petit volume, on a accumulé des provisions pour les siècles durant. Un seul homme peut posséder plus qu'un peuple tout entier. Du jour au lendemain, avec de la monnaie, un imbécile devient un homme de lettres, un savant, un comte de n'importe quoi. La monnaie résume en elle-même et dispense le mérite, la noblesse, la puissance.

Qui pourrait nier que les hommes sociaux apprécient les choses d'après la progression suivante :

La propriété naturelle ;
Le Capital ;
Les produits du capital ;
La monnaie.

Cependant, ces valeurs ne sont rien sans le travail qui les fait produire, les utilise, les crée et les conserve ; en extrait, enfin, des jouissances : et le travail est méprisé, vilipendé !

Pourquoi et comment la monnaie put-elle atteindre un tel degré de faveur et de puissance ?

C'est simplement parce que, jusqu'ici, la monnaie ne paya jamais l'impôt.

La monnaie n'eut pas seulement pour funestes résultats sociaux de mettre en les mains des gens qui ne font rien le patrimoine légitime de ceux qui ont le courage de le fertiliser par leur travail ; d'en assurer aux premiers le produit presque total ; de placer les uns sous la dépendance des autres : elle fournit aux hommes intelligents la possibilité de jouir, de reposer, de posséder tous les droits sans souffrir aucun devoir, sans payer le moindre impôt.

Qu'est la dette *nationale* inscrite au Grand-livre, sinon une hypothèque sur les impôts et, en même temps, un solide capital ?

Ce capital de 25 milliards est exempt d'impôt. Les systèmes fiscaux ne sauraient l'atteindre sans nuire au crédit de l'État. On oublie que l'État n'est institué que pour assurer la sécurité des choses ; que ceux qui possédaient antérieurement ces choses ont jugé bon de se prêter à eux-mêmes pour se garantir mutuellement leurs choses et qu'ils se doivent mutuellement des intérêts. Mais, par les contributions indirectes, la charge des impôts retombant sur ceux qui ne possèdent rien, qui n'ont jamais rien eu ni à garder, ni à prêter, ni à défendre, il s'ensuit que les pauvres paient les intérêts d'un capital qui ne leur rendit aucun service; que les pauvres paient une rente aux riches, parce que les riches, dans un moment de péril, durent avancer un capital pour assurer la sécurité de leurs propres choses.

Les propriétés particulières sont hypothéquées par les capitalistes, pour une somme *exempte d'impôt*, au moins double de celle que représente la dette : le fisc prélève sur le capital, jamais sur l'hypothèque.

La monnaie circulante, inusable, incomptable, doit représenter, si l'on en juge par la fabrication incessante que l'on en fait, une somme inconnue que les impôts actuels ou l'impôt sur le capital *ne peut atteindre*.

Ce n'est pas tout : ces valeurs supérieures sont représentées par des signes, véritables capitaux de jouissance et d'intérêts, sous forme d'actions et d'obligations sur des entreprises publiques, sur les travaux de l'État, des départements ou des villes; les billets de banque représentent un capital acquis sur la banque de France; les chèques, un capital sur les banques particulières : toutes ces valeurs incalculables sont des signes évidents de fortune et de jouissance et ils *échappent à l'impôt*.

Il y a une seconde espèce de signe des valeurs monétaires, un signe du signe : la confiance, le crédit; valeur de premier ordre, au moyen de laquelle on traite de grandes affaires, et on réalise des bénéfices et des jouissances très réelles. Ce capital invisible est naturellement *en dehors des atteintes de l'impôt actuel*.

Dira-t-on que ces *papiers* ne sont pas des valeurs,

mais des représentations de valeurs qui acquittent l'impôt *directement?*

Alors l'État se paierait un impôt; les villes paieraient à l'État un impôt? Avec quoi? Sinon par le recours aux contribuables.

Ces papiers sont des signes de monnaie : capital issu des facteurs naturels $\left\{\begin{array}{c} \text{propriété} \\ \text{et} \\ \text{travail} \end{array}\right\}$ et le capital monnaie ne payant pas d'impôt, le signe n'en paie pas davantage.

J'ai des rentes sur l'État, ne suis-je pas aussi solidement riche que vous avec vos propriétés et vos usines? Je vous prête mon capital sur l'hypothèque de vos propriétés ; je repose et vous trimez ; je reçois, vous me payez mes intérêts et vous payez l'impôt : ne suis-je pas, moi qui ne paie rien, dans une situation plus brillante que n'est la vôtre? J'ai mes coffres pleins d'or et de billets de banque : n'ai-je pas une fortune liquide et de premier ordre? J'ai des obligations de la ville de Paris : ne sont-ce pas ceux qui n'en n'ont point qui me font des rentes dont je vis? Toute ma fortune consiste en actions de chemins de fer; ces chemins de fer, il est vrai, acquittent des impôts, mais ils sont rechargés, reportés sur le prix des transports : les dividendes qu'ils me distribuent, exempts d'impôts, ne constituent-ils pas une fortune? Un banquier ne peut-il être très riche, sans posséder autre chose que ces valeurs représentatives? Le *signe* ne jouit-il pas de la même valeur que la valeur réelle qu'il représente? Et pourquoi ne paierait-il pas le même impôt?

Ces valeurs monétaires et fiduciaires n'ont-elles pas la même origine que les autres ? Ne sont-elles pas le produit du travail ? Ne se ruine-t-on pas quand on les perd ? Leur possession ne vous permet-elle pas de vivre dans une opulence fastueuse ?

Ainsi, voilà un *capital positif*, dont le chiffre est au moins égal au capital fixe : le seul capital qui permet à ses possesseurs de *vivre sans rien faire*, qui ne paie pas d'impôt ! On prélève l'impôt sur ceux qui travaillent la terre, hypothéquée ou non ; sur ceux qui fabriquent les marchandises. Et ces deux classes de producteurs, rejetant l'impôt, par la protection des choses, sur ceux qui n'ont ni terre, ni fabrique, ni capital, ni rien, il s'ensuit que ce sont les pauvres travailleurs qui paient l'impôt dû par les riches.

Il y a quelque chose de plus révoltant et qui montrera aux générations futures l'état de barbarie dans lequel leurs ancêtres étaient plongés, alors qu'ils se targuaient de haute civilisation : c'est que le travail pénible put être sollicité comme une faveur et refusé avec arrogance. Elles ne comprendront pas que la paresse et l'oisiveté aient pu donner le prestige, et le travail, la honte.

La misère augmente en raison plus que géométrique de la diminution du nombre des riches ; en d'autres termes : quand les riches deviennent plus riches, les gens aisés descendent à l'état de pauvres.

L'application de l'impôt unique sur le capital fixe ne pourrait qu'accentuer cette funeste tendance. M. Menier croyait combattre et détruire, par son système, « l'action de l'homme sur l'homme » et il la fortifiait ! Il n'a pas vu que, dans les sociétés civilisées, l'organisation industrielle est le dernier refuge de cette inique exploitation.

En résumé, *l'inventaire* est incapable d'atteindre sûrement la totalité des capitaux-fixes et moins encore les capitaux-circulants et les revenus : capitaux réels de premier ordre.

Aucune raison plausible, sinon la prétendue impossibilité de les atteindre, ne peut justifier une exemption d'impôt sur des capitaux dont l'importance est au moins égale à celle des capitaux fixes.

L'impôt sur le capital fixe n'assurerait ni l'équité, ni la proportionnalité, ni l'économie.

Il serait un véritable privilège pour la classe la moins intéressante de la société : celle des spéculateurs.

Le système Menier est impraticable.

§ XIII. — *La jouissance sociale, critérium de la possession des choses.*

M. Menier souhaitait une manivelle qui, tournée par un seul homme, ferait le travail du pays tout entier. Il recherchait le moyen de substituer partout le travail intellectuel au travail musculaire... Cette trouvaille eût bien fait son affaire. Mâtin ! s'il eût pu faire son chocolat avec un seul homme, comme il eût *balancé* les ouvriers de Noisiel ! Mais les hommes qui ne possèdent pas d'utilité, ceux qui n'ont pas d'intelligence ; ceux qui n'ont que des muscles ; que deviendraient-ils avec la manivelle unique ?

La pure vérité c'est que la nature a donné à chacun de nous une manivelle que nous avons la faculté de perfectionner et de faire fonctionner plus ou moins ; seulement, par suite de l'organisation sociale, le produit des manivelles individuelles n'appartient pas entièrement et toujours à ceux qui les font tourner.

Plus la population croît et multiplie, plus le budget augmente. On explique ce phénomène par la raison que la richesse augmente. Or, si la richesse est la cause de l'augmentation des impôts, la richesse seule, à mesure qu'elle est produite, devrait contribuer à la surcharge des impôts. Pourquoi, alors, le prolétaire, qui ne possède rien aujourd'hui, pas plus qu'il ne possédait l'année passée, paie-t-il plus d'impôt que l'an passé ? Est-ce une raison d'aggraver sa souffrance parce que les causes de jouissance se sont accumulées chez ses voisins ?

Jamais les économistes n'ont expliqué cette singulière anomalie qui est la démonstration de cette iniquité : plus la richesse augmente, plus les misérables paient d'impôts.

Et comme il n'y a aucune raison d'espérer que cette situation puisse s'améliorer aussi longtemps qu'on suivra les errements qui l'ont causée ; comme la raison indique, au contraire, inexorablement, que cette situation ne peut qu'empirer, il s'ensuit que plus un état acquiert de richesse, de jouissances, de civilisation et de progrès, plus il se précipite vers la chute.

Pour procurer des jouissances, la « propriété » a besoin d'être défrichée : le capital fixe, qui en résulte, a besoin d'être labouré, semé, récolté chaque année : le blé ainsi obtenu a besoin, pour être utile, d'être battu, vanné, criblé, moulu, pétri et cuit : le pain ne donne qu'une jouissance immédiate : l'or en contient mille. Les produits du capital-fixe sont destructibles dans leurs formes utiles : le métal précieux est presque indestructible dans la sienne. La manne ne valait que pour un jour : l'or vaut éternellement. Voilà pourquoi les hébreux se prosternaient, en dépit de Moïse, non devant un veau, mais devant le métal massif dont il était fait : devant les jouissances qu'il représentait.

Depuis un temps immémorial on a institué des gouvernements et des impôts pour garder et protéger le veau d'or, synthèse des propriétés, des capitaux et des jouissances. La raison indique que ces impôts devaient être prélevés sur le veau éternel : eh bien ! non : Moïse les prit sur la *manne* qui ne durait qu'un jour : depuis trois mille ans, les gouvernements les prennent sur le *pain*, qui ne donne qu'une jouissance indispensable ; depuis cent ans les savants n'ont pas découvert un moyen pour exempter d'impôt le *salaire*, qui représente le pain et la manne.

Les possesseurs du veau d'or disent : en définitive, cette manne, ce pain, ce salaire, c'est nous qui les donnons, c'est nous qui le payons.

Avec quoi ? Sans notre travail où prendriez-vous ces choses, que vaudrait votre veau ?

Si vous n'avez aucun intérêt au système fiscal qui fait la hausse des choses et des salaires, que ne laissez-vous affluer librement les denrées de l'univers? Si l'abondance des choses en amène la baisse. vous aurez la compensation correspondante dans la baisse de nos salaires.

Vous reposez toujours, vous jouissez toujours. et nous travaillons.

Vous payez pour que nous produisions ; vous ne payez pas pour garder votre veau (gouvernement) : vous ne payez pas pour le défendre (armée). Vous, propriétaire foncier, vous vous déchargez de l'impôt sur vos fermiers ; vous, propriétaire immobilier, vous en rejetez le fardeau sur vos locataires : l'industriel, sur le négociant : le négociant sur le marchand et celui-ci. sur nous.

Votre injuste combinaison est si savamment organisée, que vous bénéficiez de l'impôt que nous payons. Nous payons, par la hausse du prix des choses que votre système amène. trois milliards que vous devez et que nous ne devons pas.

Nul ne saurait nier qu'il n'est pas un adulte, homme ou femme, n'ayant rien. qui ne paie en moyenne, sur sa consommation annuelle, au moins 200 francs de contributions indirectes : multipliez par 10 millions = 2 milliards ; 10 millions d'enfants à 100 fr. de contributions en moyenne, = 1 milliard. total 3 milliards ;

Soit 33 p. 0/0 des salaires de 10 millions de salariés, à raison de 1000 francs par an.

Quand on se rappelle ces pyramides de carton doré qui représentaient à l'Exposition de 1878 les massifs cubiques de l'or extrait en quelques années à Ballarat et en Californie ; quand on songe à la quantité qu'on en a extraite, de toutes parts, depuis 2000 ans : quand on réfléchit à la masse de choses durables que des millions d'ouvriers ont produites depuis des siècles dans les arts et l'industrie, on conçoit l'énorme importance du capital-fixe accumulé et la difficulté de l'évaluer chaque année, s'il devait être la base de l'impôt.

Cependant, sans pratiquer d'inventaire, on a essayé souvent de dégager cette évaluation. C'est ainsi que M. Menier, d'après une étude de M. Boutarel faite de 1861 à 1865, fixe à 180 milliards le capital-fixe de la France, sur les seules espèces de l'agriculture, de l'industrie et de la banque.

De la même étude, M. Menier extrait les chiffres des revenus nets annuels de ces trois sources de richesse :

Revenu net de la propriété environ . . . . . 4 milliards
Revenu net de la production agricole, environ 7   —

Or, tous les jours on entend affirmer que l'agriculture et les propriétés ne rapportent en moyenne que 3 p. 0/0 annuels ; soit 1 fr. pour 33 francs de capital. De sorte que 11 milliards de revenus nets, calculés sur ce denier, révèleraient un capital-fixe foncier de 363 milliards.

La production industrielle était alors de. . 12 milliards.
Les frais généraux, intérêts, amortissement, matière première, combustibles, main-d'œuvre, impôt et assurance, etc., de. . .   8   —
revenu net de . . . .   4 milliards
soit 33 p. 0/0 de la production.

Pour se livrer à l'industrie, il faut posséder un capital fixe : maison, usine, machines, outillage, etc. et un capital circulant pour payer les salaires, le combustible, les impôts, la matière première, etc. Si l'industrie réalise 33 p. 0/0 de bénéfice net sur sa production, on peut supposer, sans crainte d'erreur, que, en moyenne, elle réalise au moins 10 p. 0/0 de revenus nets sur les deux classes de capitaux nécessaires à la production, soit ensemble, au denier 10, une valeur de 40 milliards, capital fixe de l'industrie.

La banque, les sociétés de crédit et les entreprises d'exploitation encaissaient, d'après le même auteur, un bénéfice annuel de 1 à 2 milliards, soit 1 milliard 1/2, qui au denier 10 = un capital fixe et circulant de 15 milliards.

D'après ces données, la valeur des capitaux-fixes et circulants se décomposait ainsi :

Propriétés	: revenus 4	milliards au denier	33 = 132 milliards.
Culture	: revenus 7	» »	33 = 231 »
Industrie	: revenus 4	» »	10 = 40 »
Banque	: revenus 1.5	» »	10 = 15 »
	16.5		418 »

Que si l'on abaisse à 5 p. 0/0 les revenus nets de ces exploitations, deux extrêmes évidemment absurdes, nous aurions, au denier 20, 16,5 × 20 = capital — 330 milliards.

Ces évaluations ont été faites il y a 25 ans. Depuis on a triplé le réseau des chemins de fer et les entreprises de navigation ; l'industrie, la banque, les commerces d'importation et d'exportation, la population, tout a progressé en d'énormes proportions. On resterait donc très au-dessous de la vérité en estimant que les revenus nets de ces quatre branches de la richesse atteignent aujourd'hui la somme de 20 milliards de francs.

Il faudrait y ajouter le revenu net, inconnu, du commerce ; les revenus des professions libérales : notaires, médecins, avoués, avocats ; des fonctionnaires et des juges ; des officiers, du clergé et des employés du commerce supérieur ; les épargnes que réalisent les salariés habiles et laborieux ; les profits annuels que réalisent les artistes dans les arts, les lettres et les sciences (peintres, statuaires, auteurs, musiciens, acteurs et bateleurs, etc.) ; le produit net de milliers d'industries diverses qui s'exercent sans autre capital que celui de l'intelligence ; les rentes qui sont consommées en France et qui sont fournies par des capitaux engagés ou placés à l'étranger ; la monnaie des nations qui font partie de la convention monétaire et qui circulent entre toutes les mains, etc., etc.

Il faut encore y ajouter la rente d'un capital de 25 milliards inscrit au Grand-livre ; 50 milliards de prêts hypothécaires, etc., que sais-je ?

Bref, en portant à 30 milliards le revenu total des citoyens français, aujourd'hui, on doit rester au-dessous de la vérité d'au moins 5 milliards.

En effet, 36,000,000 d'habitants vivant en moyenne à 1.000 francs par an = 36 milliards.

Or, 30 milliards, au denier 20 (5 pour 100), sont le produit de 600 milliards de capital.

Il importe peu que ces 600 milliards, si l'on veut, n'en vaillent réellement que 300. Ce qui importe, et cela est surabondamment vrai, c'est que l'un ou l'autre de ce s deux capitaux rapporte 30 milliards de rente.

La somme de 30,000 francs est contenue 20 millions de fois dans celle de 600 milliards.

Voulez-vous un budget de 2 milliards? La quote sera de 100 francs; parce que 20 millions $\times$ 100 $=$ 2 milliards. Le voulez-vous de 3 milliards? La quote sera fixée à 150 francs.

Aujourd'hui, un malheureux qui travaille et n'a pas de quoi manger *à sa faim* ni s'habiller, paie annuellement plus de 150 francs de contributions indirectes : sera-t-il injuste de faire payer ces 150 francs par le possesseur de 30,000 francs ou par l'oisif qui affecte de les posséder?

Ces calculs n'intéressent en rien l'impôt sur la jouissance; c'est-à-dire sur le superflu.

Je les produis pour montrer que l'impôt formulaire pourrait s'asseoir sur une base matérielle, s'il était possible de la saisir par l'inventaire.

On jouit, en France, annuellement, pour plus de 30 milliards. Ce sont ceux qui possèdent le capital de ces revenus que l'impôt doit atteindre au prorata de la quantité qu'ils en possèdent, et au delà de la quantité qui leur est nécessaire pour se conserver la vie.

L'impôt formulaire, tout en étant basé sur le capital et la matière, n'a pas à s'occuper de matière et de capital. La jouissance sociale est un signe révélateur de la possession des choses, de la quantité possédée. Elle révèle surtout si la quantité de capital possédé est indispensable à la conservation de la vie; si le capital possédé

est insuffisant pour remplir cet objet ; si le capital n'existe
à aucun degré.

Que si le capital révélé par la jouissance sociale est
faux, la jouissance est injuste, immorale et l'impôt, en
frappant ce faux capital, fait acte de moralité, parce qu'il
frappe le mensonge, le vol, un vice. Si le capital est vrai,
si la jouissance est légitime, elle est un droit respectable
et ce droit doit un devoir : l'impôt.

§ XIV. — *Le critérium de la jouissance sociale.*

Vivre sans rien faire, reposer à son aise, travailler pour
soi librement, ne pas travailler pour les autres : ce sont
des jouissances qui impliquent la possession d'un capital.

C'est une jouissance d'accumuler des bénéfices par le
travail des autres ; parce qu'elles serviront à des jouissances futures.

C'est une jouissance de se faire servir.

La jouissance est signe de *Avoir ;* avoir est synonyme
de droit ; tout droit doit un devoir ; le devoir social géné-
rique c'est payer l'impôt.

Travailler pour les autres est le signe de la souffrance,
de la misère, du non-avoir, qui a pour correspondant le
non-devoir.

L'homme travaille pour acquérir des richesses, pour

vivre dans l'aisance ou l'opulence, pour jouir, lui-même et les siens, tôt ou tard, du nécessaire ou de la jouissance d'étaler de belles choses en de somptueux hôtels, de s'étaler eux-mêmes en de brillants équipages, etc., etc. : vivre, enfin, *sans rien faire* qui implique *se faire servir*.

Les hommes obtiennent *plus* ou *moins* ce résultat par l'épargne du produit de leur travail et l'accumulation de ce produit en capital ; et c'est ce *plus* ou ce *moins* qu'il importe à l'impôt de saisir, à la jouissance sociale de déterminer.

Il est impossible de vivre sans rien faire : donc l'*homme valide qui repose. A.*

Il est impossible de se livrer à un travail quelconque, pour soi-même, sans la réunion de ces deux conditions :

1° Disposer d'une certaine provision qui suffise à l'entretien quotidien et qui laisse la liberté nécessaire, sans laquelle on ne peut travailler pour soi-même ;

2° Posséder un capital éventuel quelconque, matériel ou immatériel : le laboureur *a* son champ ; l'artisan, son métier ; l'artiste, son talent ; l'homme de lettres, son génie ; le savant, sa science ; l'avocat, le médecin, l'avoué, l'ingénieur, l'architecte, etc., possèdent leurs professions ; le banquier, son capital ; le propriétaire, sa maison ; le commerçant, ses marchandises ; l'industriel, sa fabrique, etc.

Ces choses et ces talents sont des capitaux éventuels, résultant de travaux antérieurs dont le produit fut épargné, accumulé en vue de jouissances futures. Ils sont le résultat d'un placement, d'une spéculation ; un Avoir, un acquis, un droit certain, l'un des facteurs de la richesse, lequel a d'autant plus de valeur que le travail antérieur, investi dans son acquisition, fut laborieux et constant.

Il s'agit, pour que ce capital épargné, ce facteur impuissant par lui-même, rende un produit utile, de l'exploiter, de le mettre en œuvre, de le conjuguer avec le second facteur de la richesse: le travail présent. D'où la conséquence :

L'homme qui travaille pour les autres ne possède pas de capital.

Or, étant connus les individus qui travaillent pour les autres, parce qu'ils ne possèdent rien, on connaît en même temps ceux qui vivent sans rien faire, parce qu'ils ont un capital (travail antérieur) et ceux qui travaillent pour eux-mêmes sur leur propre capital.

Nul ne peut vivre et reposer sans avoir travaillé antérieurement ou sans la nécessité de travailler présentement.

Les individus travaillant pour eux-mêmes, sans le secours de personne, jamais pour les autres, possèdent un minimum de capital et doivent un minimum d'impôt, puisque ce capital requiert un minimum de sécurité. Ils doivent la quote minimum, la quote-unité, la quote qui appartient au capital que la jouissance individuelle révèle.

D'où la conséquence rationnelle qu'un capital exigeant, pour son exploitation, le concours de deux, trois ou quatre individus, doit deux, trois ou quatre quotes minimum.

Si le paysan, l'artisan en chambre, le fabricant, le banquier, etc., ont recours à des ouvriers ou employés, ce n'est pas pour avoir le plaisir de leur payer des salaires ou des appointements : c'est parce qu'ils ne peuvent exploiter, seuls, l'étendue de leurs terres, l'abondance de leurs travaux, le maniement de leurs capitaux ; c'est aussi que, après avoir réalisé des bénéfices légitimes par leur travail personnel, leur industrie ou leurs talents, ou par toute autre cause, nait en eux le désir, ou de s'abstenir de travailler manuellement ou de mu tiplier leurs bénéfices par le travail des autres, contrairement à la loi naturelle, synthèse du droit et du devoir, laquelle exige que celui qui accomplit le devoir jouisse du droit.

Ils doivent les quotes correspondantes à l'importance de leur capital nettement déterminé par le nombre des individus nécessaires à son exploitation.

La répartition de l'impôt exactement proportionnée aux bénéfices éventuels des industriels ou commerçants est impraticable sans une inquisition vexatoire : la proportionnalité entre les taxes et les capitaux respectifs présente aussi des difficultés, mais moindres : entre industriels ou négociants appartenant à la même catégorie professionnelle, ce n'est point autant la sévérité du régime fiscal auquel ils sont soumis, ni l'importance des sommes payées au fisc, lesquelles rentrent par l'établissement des prix de revient, qui intéressent le plus ces contribuables ; ce qui leur importe, c'est d'être taxés selon leur importance, selon le chiffre d'affaires annuellement réalisé qui, en dehors de l'inventaire, est la circonstance indicatrice la plus favorable du capital engagé et des bénéfices probables. Les quelques catégories de patentes ne sauraient atteindre équitablement tous les degrés d'importance des patentables d'une même série. Ainsi, entre une forge de village et l'usine du Creuzot, c'est une échelle sur laquelle 25000 forgerons occupent chacun un échelon particulier, déterminé par ses affaires, son capital ou ses bénéfices. Une série professionnelle devant l'impôt est une espèce de thermomètre où les degrés de température sont remplacés par l'importance variée du capital : l'ouvrier cordonnier qui travaille *pour un salaire* est à zéro degré ; cet autre, qui travaille seul dans sa chambre, est à 1° de capital ; un troisième peut être à 3°, à 4°; ces fabriques à 20°, à 100° à 200° de capital.

L'essentiel, dans la répartition de l'impôt entre les industriels et commerçants de même nature, est de les atteindre respectivement en une proportionnalité quelconque, qui les place, devant la clientèle, dans une égalité parfaite. Une maison favorisée par l'impôt est une calamité pour les maisons concurrentes et sa prospérité assurée se fonde sur la ruine des petites maisons. De la méconnaissance de cette application est né ce dicton commercial trop réel : *les grosses maisons mangent les petites.* Dans ces conditions, la lutte commerciale est impossible. Les petites maisons, à la longue, réduites au prolétariat, doivent fatalement disparaître, pour le préjudice des acheteurs consommateurs. Quand la concurrence se restreint à quelques grandes maisons, l'accord entre elles est bientôt fait pour le relèvement des prix. Chacun peut aujourd'hui constater l'existence de cet état de choses. Jamais les choses indispensables à l'entretien de la vie ne furent payées plus cher, malgré la facilité des transports, malgré le perfectionnement de la fabrication mécanique. Il serait insensé de fonder une maison avec un capital moyen pour lutter contre des associations colossales, que la répartition de l'impôt, par le système en vigueur, favorise forcément. C'est pourquoi les sociétés coopératives, entre les ouvriers, sont vouées à l'insuccès, à l'impossibilité et à la ruine. Et pourtant ces associations du travail sont fondées sur le principe de la justice philosophique : *tout devoir accompli acquiert un droit;* mais ce principe restera vain et illusoire aussi longtemps que les sociétés ne mettront pas en pratique le principe de la justice sociale : *tout droit acquis doit un devoir.*

Il y a vingt-cinq ans, Paris possédait peut-être 20.000 cordonniers en chambre qui, après un labeur d'une vingtaine d'années, se reposaient sur un modeste capital acquis. Aujourd'hui la fabrication de la chaussure est entre les mains de quelques grandes maisons et les prix de leurs articles fabriqués mécaniquement ne cessent d'augmenter. Le même phénomène est reproduit dans toutes les branches d'industrie ; résultats : multiplication, partout, du prolétariat, cherté croissante de la vie, puissance du monopole de plus en plus circonscrit, extinction de la concurrence.

Les économistes ont reconnu et préconisé le capital ou ses revenus comme devant être la base, l'assiette de l'impôt, parce qu'ils avaient l'intuition inconsciente, que la possession du capital révélait la possession assurée de la jouissance. Le capital qui n'est pas dans la circulation sociale n'est rien : c'est un trésor enfoui dans une cave, que ni *l'inventaire* ni la *jouissance* ne sont capables de découvrir. L'avare couché misérablement sur ses trésors est pauvre. Il échappe

à l'application de l'un ou l'autre des deux systèmes. Mais s'il prête son capital à l'État, aux villes, aux
entreprises, à l'industrie, à de simples particuliers, au
lieu d'en jouir lui-même, l'impôt sur la jouissance le sai-
sira, sans inventaire, dans la jouissance sociale qu'il procure aux autres.

L'inventaire ne peut saisir l'or et l'argent ni les signes
qui les représentent ; — L'impôt sur la jouissance les sai-
sira dans le *repos* du possesseur, dans le bien-être résultant du travail des autres, dans les bénéfices produits par
le travail des autres.

Suivez les capitaux dans leurs évolutions les plus compliquées et secrètes et vous constaterez qu'ils n'ont d'autre utilité, d'autre raison d'être que celle d'acquérir des
jouissances apparentes, saisissables, soit par le travail personnel, soit par le travail des autres. Il s'agit surtout,
par l'acquisition du capital, d'acquérir cette jouissance :
ne rien faire.

Bien des gens sont dans une situation économique où
la morale et la justice requerraient l'accomplissement du
devoir, de la loi naturelle : travailler. On appartient à
telle classe de la société qui n'a jamais rien fait ni produit : c'est un honneur; n'avoir plus de domestique, ne
plus recevoir, Madame faire la cuisine, Monsieur être employé : ce serait une honte. On ne veut pas *déchoir*. Une
foule de gens orgueilleux affectent de jouir et posséder
du superflu alors qu'ils n'ont pas le nécessaire : si le régime fiscal les rappelle à la moralité du devoir, est-ce un
mal? Le capital avec lequel ils se font servir ne leur appartient pas : en est-il moins capital? N'a-t-il pas la pro-

priété de procurer des jouissances sans l'accomplissement du devoir, de les produire avec le concours du travail présent personnel?

L'impôt formulaire ne s'occupe pas des personnes ni de la légitimité du capital possédé : il frappe le capital réel : la jouissance, partout où elle se révèle. Il doit frapper surtout la jouissance illégitime, la violation de la loi naturelle, travailler : le superflu et non le nécessaire.

L'impôt sur le capital fixe, en ménageant le capital circulant, n'atteindrait que la moitié des jouissances ; c'est-à-dire les jouissances légitimement, laborieusement acquises par la travail : et l'inventaire, sur lequel il est basé, ne saurait même l'atteindre complétement. Par contre, il épargnerait toutes les jouissances, produits du travail des autres, illégitimes et immorales. Son application serait la consécration de la grande injustice.

Le régime actuel, par la protection des choses et les contributions indirectes, épargne ceux qui possèdent les choses et doivent l'impôt qu'il fait payer à ceux qui ne le doivent pas.

L'impôt basé sur la jouissance sociale atteint tous les capitaux.

Dans toutes les industries et dans tous les commerces, il y a des établissements d'importance graduée que le système fiscal en vigueur est impuissant à évaluer justement. Il faudrait, pour atteindre un tel résultat, exiger la production des livres : vexation intolérable et qui, dans bien des cas, ne donnerait que des indications illusoires et erronées pour établir la patente sur une base équitable: cependant, il est de la plus haute importance de ré-

partir, entre les industriels et les commerçants, leurs
contributions respectives au prorata de leurs affaires ;
car ce sont leurs affaires qui ont le plus grand besoin de
la sécurité que donnent la justice, la police, la marine et
l'armée : qui profitent le plus des travaux communs ou
subventionnés. Il faut, pour la morale, que l'on cesse de
dire : *les gros mangent les petits.* Il ne s'agit pas d'attenter à la liberté commerciale : mais bien d'en ramener le
rétablissement par la répartition proportionnelle de l'impôt : il s'agit de multiplier la concurrence commerciale
entre trois ou quatre mille maisons du même genre plutôt que de la restreindre entre trois ou quatre, que l'impôt ménage ou favorise ; il s'agit de protéger, *par la justice,* le travail et le capital : de multiplier le nombre des
propriétaires plutôt que de le restreindre : l'aisance, plutôt que la misère. Rien n'est plus probant que le raisonnement par l'absurde : supposez que le territoire français tout entier est la propriété de 25 individus : faudra-
t-il que les 40.000.000 de salariés qu'ils emploieront à le
cultiver, aillent se faire casser la tête, gratis, contre les
Allemands, s'ils viennent? Qu'on cesse de nous endormir
avec des turlutaines intéressées. Qu'on ait enfin le courage de pratiquer, d'enseigner, d'avouer *la vraie justice,*
la vraie pensée du fond des fonds : que le patriotisme et
la religion qu'on nous prêche n'ont d'autre objectif que
de persuader ceux qui n'ont pas les choses à en garantir
aux autres la tranquille possession. Le vrai patriotisme
est de défendre ce que l'on a. Il est la condition *sine qua
non,* indispensable, de la possession : mais, chose étrange !
plus on a, plus on estime la vie, plus on veut la conserver

pour jouir : moins on a de patriotisme effectif et. naturellement, plus on a d'intérêt à le prêcher aux autres. Le saint patriotisme! la sacrée gloire! le Ciel! sont d'admirables pensées quand on a le ventre plein, une carrière de jouissances en perspective : quand on a faim on veut du pain. Il est facile de prêcher le patriotisme, le dévouement, la résignation et la charité; de faire des articulations et des sons dans le vent : le difficile, l'efficace, le vrai, c'est de pratiquer soi-même ce que l'on prêche aux autres, de faire fonctionner ses propres membres; de ne rien accepter de ceux qui n'ont rien sans une juste compensation. La plus insigne des folies sociales actuelles est dans cette revendication stupide, sous forme de socialisme et de communisme sans base, du capital et de la propriété. Comment *les choses*, en changeant de mains, pourraient-elles amener une amélioration sociale? Que nous importe d'être révolutionnés ou troublés par un parti ou par un autre? Le capital et la propriété, sans le travail, sont des non-valeurs; grevées des justes charges qui leur incombent, elles représentent précisément *une part* de la production qui résulte de leur entrée en collaboration avec le travailleur, dont le salaire est *l'autre part*. Le travailleur, quand on pratiquera strictement la justice. sous un régime politique quelconque, possédera la vraie richesse : celle de conserver la liberté de son corps. C'est le propriétaire qui sera désormais *attaché à la glèbe.*

On ne devrait pas avoir à déplorer l'existence des grandes maisons; elle sont un signe de travail, d'activité. Il y aura toujours des travailleurs plus intelligents, plus actifs et plus économes que d'autres, et à qui sont bien acquis la fortune, le repos et les jouissances. Ce qui est déplorable, c'est que l'élévation de ces maisons, par la répartition disproportionnelle des impôts, entraîne la ruine d'un nombre considérable de maisons laborieuses.

Le système actuel des impôts multiples a pour objet au fond, d'atteindre les choses, au prorata de la quantité possédée par chaque contribuable; mais il est incapable de les mesurer équitablement dans l'application spéciale des impôts de consommation (Le vin et la piquette). L'application en est ridiculement coûteuse; celui qui possède le plus a des moyens d'y échapper, alors que celui qui n'a rien, qui ne doit pas l'impôt, ne le peut. Quand un contribuable ne paie pas la part des impôts lui incombant, elle est nécessairement acquittée par ceux qui paient déjà la leur : c'est une injustice. L'armée des fonctionnaires et des employés préposés aux régies, aux cadastres, à la surveillance, aux inquisitions cause à la production une perte, à tous les citoyens un surcroît de contributions. Il y a quelque chose de sauvage, de barbare, dans la nécessité de se livrer à un espionnage honteux envers les citoyens dont le devoir est de payer l'impôt. En les traquant comme des bêtes fauves, le gouvernement confesse le peu de confiance qu'ils lui inspirent. Traiter, d'en haut, le peuple comme une agglomération de voleurs est un singulier témoignage de moralité et de civilisation.

L'adoption du système formulaire entraînerait l'abandon de ces agissements vexatoires. On ne discute la validité d'un règlement de compte que quand il est incompréhensible ou mal réglé. On ne se rebiffe que contre l'injustice ; on paie volontiers ce qu'on est convenu de payer, ce qu'on reconnaît devoir, sinon on est fondé à vous contraindre légalement. Ce sera vous désormais qui stipulerez, chaque jour, le chiffre de votre *devoir*. Quand vous le trouverez trop élevé, vous travaillerez vous-mêmes ; vous ferez vous-mêmes valoir vos capitaux éventuels ; vous cirerez vos bottes. Nul n'est tenu à vous engraisser dans la mollesse, à s'éreinter pour vous procurer des bénéfices ni à garder vos personnes et vos choses.

En résumé : pour savoir si la loi naturelle est suivie dans l'application de l'impôt, il suffit d'examiner deux choses :

1° Si le prélèvement des impôts ne porte pas atteinte au droit naturel de vivre ;

2° Si le paiement produit intégralement une équivalence de droits :

D'où la conséquence dualitaire :

1° *Ceux qui n'ont rien* ne doivent rien :

2° *Ceux qui ont* doivent en proportion de ce qu'ils ont.

La quantité des choses possédées est nettement indiquée par le nombre des individus nécessaire à l'exploitation de ces choses. La quantité des choses possédées est en rapport direct avec la quantité des unités employées.

L'unité de capital représente une quote d'impôt :

Deux unités représentent deux quotes, et 1000 unités 1000 quotes.

Le critérium des individus qui ne possèdent rien est dans la nécessité qui les oblige à *travailler pour les autres* sur le *capital des autres*. Le critérium infaillible des individus qui possèdent est qu'ils ne travaillent pas pour les autres.

Jouir c'est Avoir.
Tout Avoir *doit* un Devoir.

§ XV. — *Application de l'impôt formulaire.*

La première condition que doit présenter un système fiscal c'est d'être conforme à *l'équité* à un degré tel que le contribuable l'aura accepté, consenti librement et qu'il le paiera sans aucune récrimination. Il faut que lui-même, quelle que soit son intelligence, juge et comprenne que la quote d'impôt lui incombant est absolument juste. Il doit être placé dans l'alternative absolue de payer cette part ou de montrer qu'il a la prétention d'exploiter les autres, de vivre et jouir à leurs dépens, d'attenter à leurs droits en les obligeant à remplir ses propres devoirs.

Les choses ont besoin de sécurité. La sécurité entraîne à des dépenses : l'impôt. Plus les choses sont importantes et nombreuses, plus elles doivent contribuer aux dépenses. Il est plus facile de garder cent sous dans sa poche que de garder des millions en circulation, des récoltes sur pied ou en magasin, des exploitations industrielles ou des domaines. Celui qui couche à la belle étoile ou sous les ponts n'a pas à se préoccuper de la crainte que sa maison brûle. De plus, celui qui possède des choses use, pour leur circulation, jouit, pour ses plaisirs ou ses affaires,

— 254 —

des travaux communs dans la proportion des choses qu'il a : il faut donc que l'impôt soit *prélevé sur les choses au prorata de la quantité que chaque citoyen en possède.*

Rien n'est plus mobile que la possession des choses. Aujourd'hui on est riche ; demain, pauvre. Les dépenses, aussi, sont mobiles ; une guerre peut éclater demain, cette mobilité dans la possession et les dépenses, l'impôt doit être capable de les suivre dans les recettes. Il doit être extrêmement *mobile.*

La stricte proportionnalité et la mobilité dans la répartition de l'impôt ne sont possibles que par *l'unicité* qui, d'un autre côté, en rendra la perception *économique.*

Pour atteindre les choses, il faut les connaître et il semblerait que cette connaissance est impossible sans une inquisition coûteuse, humiliante et excessivement vexatoire pour ceux qui en sont l'objet. Même à l'aide de ce moyen, quelque rigoureux fût-il, on n'arriverait qu'à un résultat incomplet. C'est la nécessité de ces inquisitions et de ces inventaires inefficaces qui rendent les impôts sur le capital ou le revenu impraticables, même quand le premier est limité au capital-fixe. Tous les capitaux, qu'ils soient fixes ou circulants, sont *des choses,* des richesses, qui doivent l'impôt au prorata de leur quantité possédée. L'impôt formulaire les atteindrait, *sans en excepter une allumette, sans inquisition* et *sans inventaire,* dans :

les capitaux fixes, sans les connaître ;

les capitaux circulants, sans en entraver la circulation :

la rente, sans nuire au crédit de l'État ;

les actions et obligations, sans en provoquer la défaveur :

le numeraire, sans le compter :

les valeurs mobilières, françaises ou étrangères, sans les déprécier ;

les capitaux placés hors de la nation ;

les propriétés possédées à l'étranger ;

les hypothèques ;

les prêts ordinaires ;

les spéculations d'échange, de bourse ;

toutes les professions, libérales, de sciences, de lettres, d'arts, de métiers, au prorata de leur valeur ;

toute la hiérarchie cléricale, la totalité monacale ;

Le jeu même ; etc. etc.

enfin, toutes *les choses* existantes *matérielles* et *immatérielles*, dès qu'elles révèleraient des jouissances sociales acquises.

L'impôt formulaire épargnerait *absolument ceux qui n'ont rien.*

Sa perception peut être opérée par douzièmes ;

Un garde-champêtre serait apte à réaliser son application. Elle peut être tentée partiellement, à titre d'essai ; alors, elle permettrait la suppression graduelle des impôts actuels les plus injustes et vexatoires.

Son adoption totale entraînerait la disparition de tous les impôts existants, les trois-quarts des employés d'administration ; une économie de 80 p 0/0 dans les frais de perception actuelle, et, dans un avenir rapproché, l'extinction du paupérisme, de la guerre et des révolutions.

Le fisc n'a pas à se préocuper du capital que vous possédez réellement. Le plus réel est dissimulable, le plus apparent est éventuel. Celui-ci ne vaut que par la collaboration, éventuelle aussi, du travail. Pour savoir ce que *vous avez*, il me suffit d'examiner comment vous vivez :

Si vous travaillez *pour les autres*, vous n'avez rien ; si vous travaillez *pour vous*, vous avez; si vous *occupez les autres*, vous avez davantage; si vous *reposez sans cesse*, vous avez encore plus ; que si, luxueux et fringant toujours sans le sou dans la poche et dans la caisse, vous êtes assez ingénieux pour vous maintenir dans cette situation, vous devez l'être aussi pour payer la quote (devoir) : sans quoi, vous n'êtes point un citoyen honorable, vous n'êtes pas digne du *droit* de gouverner et vous ne voterez pas les dépenses.

Que si, criblé de dettes, vous avez un train de maison disproportionné avec vos moyens, le fisc saisit en vous le capital des autres : ses justes **exigences** précipiteront votre retour à la réalité de votre situation, à la moralité.

Le capital réel, c'est la jouissance.

Le signe de la jouissance, c'est le repos; c'est le travail, pour vous, des autres.

Voici deux cents moines à qui il plaît de vivre en société dans un couvent. Je ne veux pas savoir s'ils ont des rentes personnelles ; s'il font le commerce de l'instruction ou des liqueurs : s'ils **se** livrent à l'agriculture ou à la mendicité : je sais simplement qu'ils ne travaillent que pour eux-mêmes ; que, par conséquent, ils possèdent un capital et doivent deux cents fois la quote. Ils doivent, en plus, autant de quotes qu'ils ont de domestiques pour les servir.

Ce devoir étant rempli, ils sont aussi utiles à la soriété que n'importe qui, et nul n'a le droit de les troubler dans leurs occupations ou dans leur repos.

Je voudrais que les prêtres, les pasteurs et les rabbins payassent la quote pour eux-mêmes et la quote pour leur servante. Il incombe à ceux que leur ministère intéresse d'augmenter, à cet effet, leurs appointements. Il est moral de les ramener à la pratique de la pauvreté et de l'humilité qu'ils prêchent, ou au travail qui moralise. Que l'évêque, l'archevêque et les cardinaux réservent, sur leurs aumônes, de quoi remplir leur premier devoir, qui est de contribuer à la sécurité de leurs prébendes princières.

Tout employé, qu'il appartienne à l'administration publique ou à une maison particulière, possède un capital ou des revenus s'il a les moyens *de se faire* servir, et il doit autant de quotes qu'il a de serviteurs, plus une quote : la sienne : sans préjudice de la quote indicatrice du capital de son patron et que celui-ci doit.

Tout employé — appartenant aux mêmes catégories — qui ne se fait pas servir, est exempt d'impôt : il travaille pour les autres et ses appointements ne lui proportionnent que le nécessaire.

Le propriétaire foncier doit l'impôt pour autant de fermiers qu'il a ; pour autant d'ouvriers mâles et femelles que chacun de ses fermiers occupe ; pour ses concierges, ses chasseurs, ses cochers, cuisiniers, maître-d'hôtel et intendant ; pour tout le personnel enfin qui exploite l'étendue de ses domaines ou qui travaille à lui procurer des jouissances dans ses hôtels ou dans ses châteaux.

Cependant, si le fermier possède, et il possède s'il a un train d'équipages, de domestiques, de propriétés particulières, il doit sa quote particulière et les quotes indiquées par son personnel particulier.

Les grands magasins du Bon-Marché et du Louvre occupent peut-être 15000 employés, ouvriers et ouvrières : ils doivent 15000 fois plus d'impôt qu'une maison similaire qui n'en emploie qu'un. Si ces maisons n'avaient pas l'importance que ces travailleurs révèlent, la nation ne serait ni plus pauvre ni plus riche. Il y aurait, à leur place, quatre ou cinq mille maisons qui paieraient l'impôt dans cette proportion, et qui, par le travail, acquerraient une aisance méritée, au lieu d'être précipitées, comme elles le sont, dans le gouffre du prolétariat par la répartition disproportionnelle des impôts. On ne bâtirait pas autant d'hôpitaux particuliers pour y recueillir les pauvres ; mais il y aurait moins de pauvres.

Par son testament magnifique, Madame Boucicaut a mis en pratique la Formule : le droit appartient au devoir accompli.

Dans les séries des compagnies de chemins de fer, d'eaux, de gaz, d'omnibus, de navigation et de transports, le capital respectif de ces exploitations est indiqué par le nombre des employés et ouvriers qu'elles emploient. Les industriels et négociants de tous genres ; les marchands en gros, demi-gros ou détail : partout où un homme produit pour son propre compte, il accuse qu'il a un capital ; que s'il occupe un ouvrier salarié, il dénonce qu'il en a deux, et s'il en emploie mille ou vingt-cinq mille il est clair qu'il doit **payer vingt-cinq mille** fois la quote et que ces vingt-cinq mille salariés, qui n'ont rien, n'en doivent aucune.

Nul n'a le droit, en droit naturel, de *se faire servir*, de faire *produire pour soi*, les autres ; chacun a le droit, en droit positif, de *se reposer*, de ne *rien faire*, moyennant les devoirs :

1° De payer un salaire pour la production ;

2° De payer l'impôt pour la sécurité et les travaux communs.

On me fera certainement cette objection :

Si vous frappez en même temps la chose, en tant que chose, et les actionnaires, vous frapperez deux fois la même chose.

Qu'importe? Si la chose procurait dix jouissances diverses il serait juste de la frapper dix fois :

Le chemin de fer de Paris à la Méditerranée occupe, je suppose, 60000 employés et ouvriers : il devra 60000 quotes ; celui de Sceaux en occupe 500 : il doit 500 quotes. Ils les doivent dans cette proportion parce que le capital que ces compagnies possèdent est 60000 fois ou 500 fois plus important que celui de ce voiturier qui possède son cheval et sa voiture, la remise de l'une, l'écurie de l'autre. La comparaison est à l'avantage des chemins de fer : cela n'importe en rien, puisque ce n'est ni le voiturier ni les chemins de fer qui paieront finalement ces quotes, dont le chiffre total sera réparti dans les tarifs de transport des marchandises et des voyageurs et qu'il sera payé réellement au prorata de la circulation, par ceux-là mêmes qui en jouiront. Maintenant, les actionnaires, au prorata des dividendes encaissés, facteurs de jouissances d'un autre ordre (droits), doivent d'autres impôts (Devoirs).

Le même raisonnement s'applique à une mine de charbon. Anzin et Ronchamp ont des valeurs respectives indiquées par le personnel que ces établissements emploient. Frappez-les respectivement suivant ces nombres, si vous voulez réellement pratiquer la proportionnalité. Chaque mineur est producteur, en une année, d'un capital qui doit l'impôt. Tout ce que le travail extrait du centre de la terre, pour servir à des jouissances, est un apport de capital, un prolongement, un agrandissement du capital-superficie, un capital réel qui doit l'impôt. Si l'entreprise perd, qu'on l'abandonne ; si elle ne rapporte rien, l'impôt total est payé ; mais il est clair que le possesseur des actions ou des deniers fructueux doit l'impôt sur les jouissances que lui donnent les dividendes encaissés, sur le capital exploité par le travail des prolétaires qui en mesure l'importance.

Tel directeur de fabrique ne paiera aucune quote parce que les appointements qu'il a ne lui permettent pas d'avoir un appartement et un domestique, ou sa femme, modeste et laborieuse, le sert ; tel autre ira manger et coucher quelque part, et là il y aura des domestiques occupés à le servir, indiquant que le restaurateur et l'hôtelier ont les moyens de payer la quote.

Un restaurant devra les quotes pour lui-même et dans la proportion de ses garçons, cuisiniers, cuisinières et marmitons. L'hôtelier, le cafetier, le marchand de vin, sont dans le même cas. Ce sont des maisons de commerce, que l'impôt doit atteindre très exactement au prorata de leur importance respective, indiquée par les gens qu'ils emploient avec beaucoup plus d'exactitude que par la patente et toute la série des impôts actuels ou par un inventaire de leur ameublement, batterie de cuisine, vaisselle et torchons (*Impôt sur le capital*).

Voilà un épicier qui, avec sa femme, parvient à servir sa clientèle: il doit une quote pour lui-même, mais sa femme est remplacée dans le ménage par une servante: il doit une autre quote. Il la doit, non parce qu'il *se fait servir*: mais parce qu'il *a les moyens* de se faire servir. L'épicier X...devra d'abord la quote pour lui même ; si 300 commis sont employés à ses comptoirs, il paiera 300 quotes de plus ; s'il occupe 500 ouvriers dans ses usines, il devra encore 500 quotes : il paiera pour autant de cochers qui font circuler ses voitures ; pour les palefreniers qui soignent ses chevaux ; pour les domestiques qu'il *a* dans son hôtel privé ; pour les jardiniers, terrassiers, ouvriers qui entretiennent son parc ; pour ses layetiers et emballeurs, pour les concierges de ses maisons, les gardes de ses propriétés, etc.

Il ne manquera pas d'économistes, embourbés dans les vieilles ornières des théories économiques inutiles, pour ne voir en la mienne qu'un impôt de capitation. Cet innocent, diront-ils, songe à nous ramener à l'état sauvage.

Où est la capitation? L'impôt formulaire n'atteint que les têtes *qui ont ;* il épargne les têtes *qui n'ont rien*. Que dis-je les têtes ? Il atteint les choses au prorata de leur quantité. La quote est la mesure de la quantité possédée : les quotes sont le total de cette quantité. Pour qu'il fût un impôt de capitation, il faudrait que les contribuables, sans exception, jouissent de superflu.

L'impôt sur la jouissance, révélée par le repos, par le travail pour soi, exclusivement, ou par le travail salarié, est, au contraire et à la fois, l'impôt sur le revenu réel, que jamais on ne put atteindre. Bien mieux, il est la généralisation, la synthèse de tous les impôts en vigueur et de tous les systèmes dont l'application fut proposée : revenu, capital fixe, directs ou indirects, progressif même, avec l'avantage en plus, d'une application facile, économique, et qui ne requiert ni inventaire, ni inquisition, ni vexation.

Des docteurs intéressés affirmeront que c'est un impôt sur le travail, sur la source de la richesse (pour eux) ; qu'il n'aura d'autre effet que de tarir cette source (tant mieux), en supprimant le travail. Pour ce dernier point, autant vaudrait dire que la terre cessera de tourner dans son orbite. Nul ne veut mourir, et moins encore ceux qui jouissent en ce monde. D'abord la situation du laboureur qui travaille exclusivement son champ, sans aide, et qui en vit, ne subira d'autre changement que celui de payer moins d'impôt.

Je prétends exempter le vrai travail, le travail effectif, et frapper exclusivement ceux qui l'exploitent à leur profit. Le travail, ici, est considéré comme un critérium, comme une mesure du capital. Je ne frappe que celui-ci au prorata de son importance.

Le nombre de ceux qui possèdent est indiqué par le travail ; l'importance de leur possession est indiquée par le travail ; la quote minimum, le nombre de quotes afférentes au possesseur, l'impôt, le capital : tout est révélé par le travail : parce que le travail personnel, pour soi-même, ne pouvant s'exercer que sur un capital, il s'ensuit que chaque individu travaillant pour les autres donne la mesure exacte d'une portion de capital des autres.

La totalité de l'impôt est une charge à répartir, de la même façon qu'un dividende, entre la totalité des gens qui ont des actions et au prorata de ce qu'ils en ont, et ces deux quantités sont exactement déterminées, mesurées par le travail salarié. Ce n'est donc pas le travail que l'impôt frappe ; mais le capital qu'il indique.

Qu'il y ait en France dix millions de propriétaires, rentiers, banquiers, négociants, industriels, qui *ne travaillent pas*, ou qui travaillent pour eux-mêmes, sur *leur capital, sans jamais travailler pour les autres* : ils doivent la totalité de l'impôt.

On dira encore que l'application de l'impôt formulaire à la grande culture aurait pour conséquence de la faire disparaître peu à peu et de rendre ainsi les salariés d'aujourd'hui propriétaires et contribuables. Où serait le mal ? Qu'importe à la nation que le sol soit possédé par Pierre ou par Paul, pourvu qu'il soit cultivé et qu'il rende son contingent naturel de récoltes ? Est-ce la valeur vénale du fond qui lui donne de la fertilité ? Si cet hectare, qui vaut aujourd'hui 3000 francs, ne valait plus, tout à coup, que 300 francs, rendrait-il moins de blé et de betteraves ?

L'intérêt de la valeur du fond entre dans le prix de

revient du produit qu'il donne ; de là l'impossibilité de soutenir la concurrence avec les blés d'Amérique, où cet intérêt n'existe pas, et où, en même temps, l'abondance du bétail, en le maintenant à bas prix, rend les travaux agricoles peu coûteux. Si le prix du sol et du bétail était, en Europe, ce qu'il est dans les plaines *de l'Ouest*, jamais les blés d'Amérique ne débarqueraient dans nos ports, aux prix d'Europe, avec en plus un frêt de 2000 lieues.

Que si l'industriel agricole abandonne à la friche le domaine qu'il possède selon le droit positif, *ceux qui n'ont rien* le travailleront au nom du *droit naturel*. Le droit positif est sacré à la condition qu'il remplisse les devoirs qui lui correspondent. Le droit naturel de propriété doit le devoir de produire. Le droit positif de propriété doit 1º le devoir de produire (naturel) ;

2º le devoir de défendre (social) : Sans l'accomplissement de ces deux devoirs, le sol, que nul n'a fait, appartient en droit naturel à l'humanité et il ne saurait être matière à exploitation.

Il ne s'agit pas de ramener les hommes à la pratique de la loi naturelle : mais de signaler la cause du malaise qui naît infailliblement dans les sociétés civilisées, et qui consiste en ce seul fait que : *ceux qui ne possèdent rien* paient un impôt qu'ils ne doivent pas. C'est cette erreur, cette injustice antique et inconsciente que les lois, les mœurs, la science et l'ignorance ont maintenue jusqu'à nos jours qui a causé la chute des empires. L'erreur engendre le mal et le désordre : le retour à la vérité, au droit, à la justice engendrerait infailliblement le bien et l'ordre, quelles que soient les préventions humaines, parce que rien ne peut prévaloir contre la loi universelle, contre la justice.

Cet impôt pèsera principalement sur l'industrie et le commerce....

Croit-on que, en l'état, ils ne paient rien ?

On ne peut bien parler que des choses que l'on sait : quand j'appartenais à la Maison M. à Paris, je réglais en douane pour les cacaos et les sucres, environ 10,000 fr. par jour, soit environ 3 millions d'impôts par an, sans compter, bien entendu, les impôts de patente, de quotes ouvrières, de transports, de foncier et d'immobilier, etc. La maison occupait en ce temps-là, environ 1500 ouvriers qui, en estimant la quote de l'impôt formulaire à 150 f. eussent porté l'impôt de la maison au chiffre annuel de 225000 fr.

Mon voisin, marchand de vin restaurateur, débite environ 250 pièces de vins par an. Il est abonné à la régie pour un impôt annuel de contribution indirecte de 3200 fr. : sans compter la patente et tous les impôts sur le t. ansport en petite vitesse et la kyrielle des autres impôts attachés à ces établissements. Son personnel se compose de lui-même et deux garçons. Sa fille est caissière, sa femme est au comptoir. L'impôt formulaire élèverait sa contribution annuelle à 3 fois 150=750 fr.

Les chocolats, le café, chargés d'impôts, sont entrés dans la consommation générale. C'est le peuple, plus nombreux, qui les acquitte. Les comptoirs de vins sont fréquentés par des consommateurs qui n'ont pas les moyens d'avoir une provision en cave, exemptée des *droits de détail*; de sorte que l'on voit cette chose inique : *ceux qui n'ont rien* sont chargés d'un impôt effroyable, alors que *ceux qui ont* y échappent.

La masse du peuple *qui n'a rien* paie les trois-quarts des impôts indirects qu'il *ne doit pas; ceux qui ont* paient le reste; le commerçant *ne paie rien.* S'il récrimine parfois contre le taux exagéré des impôts, ce n'est pas qu'il lui coûte directement, c'est parce que, entrant dans le prix de revient des choses, la cherté en restreint la vente et par suite les bénéfices.

Les hauts impôts, les transports coûteux, les douanes favorisent le haut commerce en éloignant la concurrence dont le capital est insuffisant. C'est pourquoi il y a si peu d'importateurs de produits coloniaux. La cherté des matières premières produit le même résultat pour leur plus grande satisfaction.

Le commerce et l'industrie, par le retrait des impôts actuels et l'établissement de l'impôt formulaire, paieraient moins d'impôts qu'aujourd'hui : la concurrence serait plus active, les substances indispensables moins chères, le tout au profit du consommateur salarié. De plus, l'impôt, réparti équitablement entre les industries de même nature, rendrait les petites et les grandes égales devant la clientèle. Ce ne sont pas les gros capitaux qui écrasent les petits capitaux : c'est l'inégale répartition, sur eux, des impôts.

L'objection serait peut-être fondée, relativement à certains articles d'exportation, dont la mince valeur est presque toute entière dans la main-d'œuvre. Chargés de la quote formulaire, ces produits ne supporteraient pas, peut-être, la concurrence internationale. Le même inconvenaient se produit également aujourd'hui. Rien n'empêcherait, en ces cas spéciaux, de tempérer la quote, établissant, par exemple, une quote spéciale pour les *ouvrières* de l'industrie, mesure de protection commerciale, qui aurait en même temps pour effet de favoriser le travail et l'emploi des femmes, et qui serait plus facilement maniable que le drawback.

Nous serions envahis par les produits étrangers...

Si nous ne produisons pas ces produits, tant mieux; si nous les produisons, c'est que les étrangers seraient plus intelligents ou plus laborieux que nous ou que leur sol serait plus fertile. Ne produisons-nous rien dont nous les envahirions à notre tour ? que chacun travaille, cultive ou produise ce qui peut lui rapporter; mais qu'on abandonne enfin ce système sauvage des barrières internationales par lequel on favorise *celui qui jouit* au détriment de *celui qui souffre*.

Un commerce et une industrie formidables seraient la conséquence de cette réforme. C'est dans l'exercice de ces professions que les hommes peuvent acquérir en déployant leur intelligence, leur activité, leurs ressources financières, sans se plier au dur labeur de la terre, cette soupape de sûreté d'une société bien organisée; cette réserve inépuisable de travail manuel qui appartient aux pauvres d'esprit, parce qu'ils ont le courage, seuls, de se courber sur elle pour en arracher avec tant de peine les produits.

Pourquoi n'y a-t-il pas plus d'ordre, de bien-être et de tranquillité dans les sociétés monarchiques que dans les sociétés républicaines, dans le despotisme que dans la liberté, dans les grandes nations que dans les petites, dans les vieilles que dans les jeunes? C'est parce que partout, on donne à la justice des *formes* dans lesquelles on ne met rien. Les jouisseurs du droit nous montrent la lune, depuis l'éternité, en nous disant : voilà l'image de notre justice et ils ont raison ; car la lune est un pâle reflet du soleil comme leurs jouissances sont un reflet de la justice. Quand nous verrons clair, c'est que nous aurons reconnu ceci : que le soleil est le droit, et que la terre est son devoir. C'est pourquoi tout ce qu'il y a sur la terre travaille (devoir) et jouit (droit) du soleil : accord inaltérable.

Et l'homme qui *a*, repose, jouit (droit), parce qu'il *doit* payer (devoir) ; celui qui n'*a* rien *doit* le devoir de travailler pour un salaire (droit).

§. La justice c'est le devoir (pour ceux qui ont de payer ; pour ceux qui n'ont rien de travailler.

Hors la loi, tout va mal : accord impossible.

L'application de l'impôt formulaire entraînant la pratique du libre-échange absolu des choses, la valeur vénale de la « propriété », du capital et des produits, par son abaissement infaillible rendrait ces choses accessibles au travail. En quoi cette nouvelle situation diminuerait-elle *la fortune de la Nation?*

La richesse d'un pays ne consiste ni dans l'étendue ni dans la valeur pécuniaire des terres ; mais dans le rendement des produits naturels que le travail en extrait.

Si l'étendue faisait la richesse, le Mexique, sans tenir compte de ses richesses minières extraordinaires, serait

dix fois plus riche que la France, ce qui est absurde ; si
la valeur pécuniaire du sol faisait la richesse, la France
serait plus riche que les États-Unis, ce qui serait encore
absurde ; car ce pays, où la valeur du sol pour les 4/5 de
sa superficie n'est pas loin de zéro, inonderait l'Europe
de produits utiles, malgré la distance, si des lois
et des barrières barbares n'en arrêtaient pas l'in-
troduction.

La valeur de l'étendue consiste dans ce que l'étendue
rend et comme elle ne rend que par le travail il s'ensuit
que plus une nation possède de travailleurs plus elle est
riche.

Mais le travail ne peut s'effectuer que sur l'étendue :
d'où la conséquence que plus l'étendue est possédée, plus
il y a de travailleurs.

Et celui qui possède devant le devoir de défendre ce
qu'il a, il s'ensuit que plus une nation possède de possesseurs, plus elle est forte.

Que l'application de l'impôt formulaire doive boulever-
ser pacifiquement dans un avenir lointain, l'état des choses actuel, qu'importe à ceux qui possèdent aujourd'hui
s'ils n'en souffrent pas ; si les générations futures vivront
plus tranquillement et plus moralement ; si la nation de-
viendra plus forte ; si, surtout cette application est le re-
dresssement d'une injustice ? Confisquerait-elle la propriété, le capital, les produits ? S'attaquerait-elle au droit ?
Non : elle lui rappelle seulement qu'il ait à remplir son
devoir.

On dit :

La vie sociale se compose de « rapports mutuels » :

l'association est le plus puissant moyen de surmonter les obstacles pour acquérir des richesses. Sans doute ; mais cette mutualité sociale, telle qu'on la pratique actuellement, nous montre cette injustice : d'un côté, des jouissances sans travail ; de l'autre, du travail sans jouissance. Est-ce là ce qu'on entend par rapport mutuel ? L'association est impossible sans posséder les choses. L'association du propriétaire et du prolétaire est une rare exception. Généralement, quand elle se produit, elle consacre l'exploitation de l'un par l'autre ; et il n'est pas besoin de demander lequel des deux est la victime.

La Vie et la Terre sont indestructibles, éternelles, inséparables. Tout homme a le droit de vivre en travaillant et l'élément du travail, la terre, ne lui fera jamais faute. C'est affaire aux nations trop peuplées d'organiser l'émigration gratuite et volontaire, de se dégorger de leur trop plein au bénéfice du peuplement de leurs colonies, seule mesure qui en justifierait jusqu'à un certain point, la conquête. On préfère laisser pourrir dans les ports des vaisseaux formidables ; entretenir une armée de brillants officiers et de marins en des voyages ou croisières inutiles. On n'épargne rien pour organiser la défense *des choses ;* mais on ne fait absolument rien pour la conservation de la vie des êtres.

Conçoit-on les services que rendrait la marine, si, pendant des demi-siècles de paix, elle servait de pont, de trait d'union entre les colonies et la métropole ? Ce que rapporterait de richesses cet énorme capital improductif, entretenu à grands frais, s'il était destiné à la prise de possession des terres incultes de nos colonies par les pauvres travailleurs, sans travail, qui s'agitent et inquiètent la métropole ? Comprend-on les débouchés, les échanges commerciaux, la prospérité réciproque, les quotes contributives qui en résulteraient ?

Nous avons des colonies fertiles impeuplées de français et une métropole regorgeant de travailleurs sans travail ; un puissant instrument propre à rétablir, entre l'une et les autres, l'équilibre, la quiétude, l'ordre partout ; ici, nous avons des millions de travailleurs sans travail ; là, des milliers d'hectares en friche.

Et les chômages, les crises et les grèves se multiplient, la misère augmente, les hôpitaux et les prisons se remplissent, et enfin, au lieu d'avoir porté à temps de braves gens en Algérie, on transporte de la crapule en Calédonie.

Et par la *protection*, qui cause le surenchérissement des choses, et par le système des contributions indirectes, c'est le prolétaire qui paie la construction et le fonctionnement de ces machines dont il ne reçoit aucun service.

C'est l'esclavage des produits ⟨ du travail et des choses, qui entraîne l'esclavage et la démoralisation de l'homme.

La société ne doit pas au prolétaire le Droit *au* travail. Elle ne peut donner ce qu'elle n'a pas. Le travail n'est pas un droit. Elle lui doit ce qu'elle *a*, ici ou là : l'élément matériel du travail.

Tout homme, pour se conserver, doit :

travailler
- pour les autres
- ou
- pour lui-même.

S'il travaille pour les autres, il n'*a rien* et ne doit rien ; s'il travaille pour lui il *a* et il doit :

Payer pour les travaux communs,

payer pour garder ce qu'il *a*,

payer pour le défendre et

payer pour le faire produire par les autres.

Aucune loi actuellement ne consacre le droit de faire travailler pour soi son semblable.

Celui qui, n'ayant rien, garde, défend et fait produire le bien des autres remplit des devoirs qui lui acquièrent autant de droits.

La Loi Naturelle est
- le devoir de se conserver
- et
- le devoir de travailler :

La Loi Sociale est
- le devoir d'obéir
- et
- le devoir de défendre ;

qui correspondent respectivement :

aux droits naturels
- Vivre
- et
- posséder.

aux droits sociaux
- gouverner
- et
- être défendu.

Les sociétés civilisées sont malades parce qu'elles n'observent pas ce régime. A mesure que l'instruction se répand dans les masses ; que les manufactures se multiplient ; que les routes et les chemins de fer étendent leurs réseaux ; que les métaux abondent : que les machines et les inventions dispensent de la force musculaire : à mesure, enfin, que la civilisation progresse et que l'on nous vante les économies merveilleuses que l'intelligence et la mécanique réalisent sur la culture, la fabrication, la circulation et le transport des choses : le prix des choses augmente !

Tel qui autrefois au fond des campagnes vivait comme un grand seigneur avec deux mille francs de rente, tire aujourd'hui le diable par la queue, avec le double de rente, pour équilibrer son budget.

On dit que le paysan vit mieux, se vêt mieux, trafique et met la poule au pot trois ou quatre fois par jour : c'est possible pour le paysan qui *a ;* mais celui qui *n'a rien* est plus misérable et désespéré que jamais.

Si le progrès aggrave la misère, n'est-ce pas une preuve qu'il est le produit de l'injustice ?

La justice naturelle est :

Tout devoir accompli *acquiert* un droit ;

La justice sociale :

Tout droit acquis *doit* un devoir ;

dont l'application, relativement à l'impôt est :

Qui *a,* doit

Qui *n'a,* ne doit.

CONCLUSION

§ 1. — *Le Gouvernement*

La maladie qui affecte les sociétés jeunes ou vieilles est partout la même. Dans les cinq grandes divisions géographiques terrestres on entend les mêmes clameurs de l'inquiétude, les mêmes gémissements de la misère. Les uns ont peur : les autres font peur : tous souffrent. C'est dans les sociétés les plus civilisées que le péril se révèle plus imminent et que les revendications sont les plus ardentes.

« Que de choses, hélas? on pourrait écrire sur cette révélation de la question sociale faite par la question sociale elle-même! Que de misères à évoquer! Que de scènes lamentables à mettre sous les yeux de ceux qui font semblant de ne pas croire à la légitimité des revendications ouvrières! Quelle descente lugubre à faire dans un enfer plus terrible que l'enfer évoqué par la grande et sévère muse d'Alighieri! Que de spectres à interroger! Que d'abîmes à sonder !

Ici, le chômage aux mains vides ; là le monstrueux épanouissement de la prostitution : plus loin, le salaire insuffisant, tombant dans l'escarcelle du peuple avec le son dur de la dédaigneuse aumône ; la Morgue et ses cadavres ; l'hospice et ses moribonds guettés par le scalpel des étudiants : les fusils, mal accrochés au mur, encore chauds de la dernière guerre sociale : les enfants sans souliers : le sein tari des pauvres mères toutes pâles ; et, au-dessus de tout cela, dans une apothéose lumineuse, le stupide éclat de rire, l'oisiveté grasse des heureux... Mais à quoi bon décrire ce que tout le monde sait, ce que tout le monde a vu ! Allons, évadons-nous vite dans l'air pur, ne descendons pas un degré de plus, tournons le dos à l'escalier sinistre : le temps du sentimentalisme est passé ! »

(Clovis Hugues.)

« Dans les journaux, dans les revues, dans les assemblées, partout, on décrit avec éloquence les causes du malaise social ; mais jamais on ne signale un remède.

Il y a un grief, une maladie, une peste, qu'on ne connaît pas : voilà pourquoi on ne peut la guérir.

On sait bien que l'accroissement de la richesse individuelle ruine la masse : que pour faire des affaires avantageuses, une fortune individuelle ne suffit plus ; qu'il faut s'organiser en compagnie puissante : que quand le petit nombre devient riche, le grand nombre devient pauvre ; mais cette situation est légale, conforme à la liberté : que faire ?

On sait que l'homme véritablement juste et vertueux sur la terre est celui qui travaille avec ses membres pour gagner sa nourriture ; mais nul ne lui en sait gré ni ne lui en témoigne un mérite.

Le mal existe et le remède est inconnu. Sa découverte est la tâche du jour. Cette situation est l'inquiétude qui tourmente les sociétés. On demande un moyen propre à rétablir l'équilibre, à détruire le hideux favoritisme, à faire enfin régner la justice.» (*Courrier des E. U.* du 16 nov. 1886). »

Cet écrivain a tort. On signale, au contraire, une masse de remèdes ; malheureusement ils sont toujours formulés par des docteurs qui ne sont plus auprès du malade. Quand ils y étaient ils soutenaient que ce malade jouissait d'une santé florissante. M. Thiers, dans l'opposition, affirmait, en des discours admirables durant des heures, que tout serait sauvé si l'on avait recours aux *libertés nécessaires ;* quand il était au pouvoir, il supprimait les journaux, maintenait l'état de siège sur trente départements et l'on n'a jamais pu lui arracher le retour du gouvernement à Paris.

Voici des échantillons de ces ordonnances lénitives :

Rétablir l'ordre dans les finances ;

— l'économie et l'ordre dans l'administration ;

— l'ordre dans la liberté ou la liberté dans l'ordre :

— l'indépendance dans l'exercice de la justice ;

Relever notre situation en Europe ;

Assurer le droit commun (?) de tous les Français ;

Relever les hommes par la foi et l'espérance ;

Rendre la vie à l'agriculture et au commerce, *en assurant les intérêts, en créant des débouchés ;*

Renoncer aux luttes de parti ;

Remplacer les agitations et les provocations, qui partent des clubs, par l'étude attentive des lois d'affaires ;

Les lois d'affaires ont, en général, ces objectifs :

Tarif des douanes

et des chemins de fer ;

Libre échange ou protection :

Traités de commerce et marine marchande ;

Vinage des vins;

Contributions indirectes, etc., etc..

On ne fait et défait que cela depuis cent ans. On a dépensé à l'étude de ces lois de l'encre, de la salive et de l'eau sucrée plus qu'il n'en faut pour former un lac, et les choses n'en vont pas mieux. Par contre, on ne s'est jamais occupé des gens qui n'ont rien.

Il y a les panacées royales et impériales, essayées plusieurs fois. C'est toujours la même chose, les mêmes résultats négatifs. Nous les reverrons. Les belles promesses ont toujours du succès.

La haute science a vu le commencement du Soleil et de la Terre dans la nébuleuse, le commencement de la vie dans la fermentation. Si l'univers a commencé, il devra finir. Rien de plus naturel alors, selon la haute science, que les gouvernements commencent et finissent.

Les économistes contemporains affirment que les sociétés se développent d'après les lois qui président au développement de l'homme, mais ils n'ont pas fixé, déterminé ces lois. Ils ne nous en donnent ni l'origine ni le fondement, ni la raison ni le pourquoi. Voilà pourquoi les hommes et les sociétés se développent en des directions opposées. La généralisation de cette conduite, en tous les temps et en tous les lieux, donne à penser que tout est bien, que les choses ne peuvent marcher autrement, que l'organisation industrielle est conforme aux lois biologiques et que le désordre, la misère et la haine sont les effets naturels de la civilisation.

Adaptez-vous à cet ordre de choses, écrivent les matadors de la sociologie ; tout est là.

Comment pourrait-on s'adapter à la misère ? Comment pourrait-on vivre sans manger, manger sans travailler et travailler sans élément ?

La science se moque du peuple.

Si l'étude de la biologie enseigne une vérité certaine, c'est que, dans l'organisme humain, le cerveau qui travaille grandit ; les bras du forgeron, les cuisses de la danseuse, le ventre du rentier **grossissent** ; seuls, dans l'organisme social, les individus qui travaillent ont le ventre creux, les membres grêles et les yeux caves. Toutes les parties du corps humain jouissent du produit obtenu au prorata de l'effort qu'elles ont dépensé ; dans la société, au contraire, ceux qui ne font rien engraissent et ceux qui font tout maigrissent. La civilisation a la tendence absolue vers le *ne rien faire*.

Les bêtes, excepté l'homme, se conforment à la loi biologique de *travailler pour vivre*. La terre, aussi. C'est la seule loi que les hommes puissent et doivent emprunter utilement à la biologie et elle est précisément la seule que les économistes biologiques aient oubliée.

Saint-Simon espérait le salut social de cette dualité ridicule :

Une hiérarchie industrielle.

et

Une hiérarchie sacerdotale.

Fourier a fondé son système sur la loi de l'attraction universelle qui constitue l'unité. Le soleil donne le branle à l'univers ; mais où est la puissance qui doit le donner à l'humanité ? Quelle est la loi originelle qui fera se grouper forcément les séries humaines selon leurs aptitudes et leurs passions ? De l'unité de l'univers on peut conclure à l'unité de l'humanité, mais à quoi bon si vous n'indiquez pas la force humaine capable de la réaliser sans porter atteinte au droit individuel, vulgairement nommé la liberté ?

Je ne connais les conceptions d'Auguste Comte que par certaines critiques ; or, souvent ce que ces critiques condamnent et ce que A. Comte réprouve ont l'approbation de la Formule.

Ainsi on l'approuve « d'avoir répété après tous les savants du xixᵉ siècle que l'on ne doit pas rechercher dans les sciences les causes premières et finales, en un mot : le pourquoi des choses. »

Cependant, il n'est pas possible d'acquérir la connaissance des causes relatives sans concevoir une cause absolue. Et la cause absolue étant éternelle et présente *la cause première et finale* devient superflue. Reconnaître qu'elle est inutile à cause de son éternité, c'est précisément reconnaître son existence.

Tout ce qui est phénomène :

une force graduée ⎫   ⎧ commence
      et   ⎬ qui ⎨   et
une matière déterminée ⎭   ⎩ finit,

dans le temps, c'est-à-dire une fraction de ce qui est éternellement *présent*, cause absolue des causes relatives, est accessible à la science humaine, à la condition qu'elle ne s'écarte jamais des lois de l'expérience.

Toute connaissance qui n'est pas appuyée sur *un pourquoi* expérimental, est vaine.

Entre « l'essence des choses » et la « cause des choses
phénoménales » il y a cette différence que la première ne
peut être affirmée par un *pourquoi* qu'elle n'a pas, dont
elle n'a pas besoin pour être, puisqu'elle est *éternelle; et
qu'à la seconde on peut assigner un *pourquoi* puisqu'elle
commence et finit.

Les hommes n'ont rien à voir avec le grand-Être et la
Vierge-Mère. Ils portent en eux-mêmes la loi sociale immuable qui doit les diriger. Elle repose sur un fait humain irrécusable.

Les traités d'économie politique sont généralement
remplis de théories en faveur des industriels, des propriétaires et des capitalistes. Il est des auteurs qui n'ont
d'autre panacée sociale que la ridicule et dérisoire ex-
hortation d'approprier les *agents naturels*. Ils n'ont pas
l'air de se douter que pour remplir ce but, il faudrait
connaître préalablement le moyen de les acquérir. Pour
que l'homme puisse exercer son pouvoir *sur les choses*,
il lui faut d'abord les posséder. Les inventions mêmes,
les machines par lesquelles on remplace l'effort de l'homme, le muscle par l'outil sont, pour celui qui nous intéresse, une cause de misère. Ces savants pensent comme
ce roi de Pologne qui, quand il était saoûl, était per-
suadé qu'aucun polonais n'avait soif. Cette opinion est
sans doute fondée sur ce fait social que le prolétaire
étant sous la dépendance de *ceux qui ont*, quand les affaires vont, le travail va ; mais cet avantage immédiat ne
sert qu'à aggraver sa situation future. Aucune loi naturelle

ou sociale ne peut justifier la dépendance entre les hommes.

Depuis cent ans, la France a essayé d'une douzaine de gouvernements divers, dont chacun, par ses ministères successifs, a tenté l'application de centaines de méthodes différentes : quelle amélioration sociale en est-il résulté?

C'est en vain qu'on a multiplié les écoles, les églises, les hôpitaux et les prisons; c'est en vain que la charité a pris des proportions colossales. L'organisation des monarchies, des empires et des républiques, l'invention des machines, l'énorme extension du commerce et de l'industrie, le progrès des sciences, le despotisme et la liberté, etc. : tout est resté stérile. Que dis-je? tous ces moyens n'ont fait qu'aggraver la situation.

Dieu même, en gouvernant selon ces errements, ne pourrait enrayer la multiplication des pauvres, la diminution du travail, l'intensité progressive de la misère.

Qu'est-ce que la maladie sociale ? C'est la faim des uns et l'inquiétude des autres. La première engendre la seconde. L'intensité de l'une est la mesure de l'intensité de l'autre. Supprimez la faim, l'inquiétude disparaît, les hommes sont heureux. Les peuples naissants ne connaissent pas cette maladie : c'est pourquoi ils progressent. Elle ne se révèle que chez les peuples puissants, quand ils sont rassasiés de la gloire d'avoir vaincu les peuples, quand ils ont atteint les sommets des sciences, des lettres et des arts et que les places publiques sont encombrées des statues de leurs grands hommes; quand, surtout, le sol, soupape des révolutions, source de travail pour les gens honnêtes et courageux, est devenu un objet de monopole et d exploitation. Alors on professe, dans ces pays décadents, que le vrai courage, qui est de travailler pour vivre, consiste à exposer sa vie pour tuer les autres et que le plus grand honneur auquel un homme puisse atteindre est celui de ne rien faire ni produire.

Cependant la faim, maladie sociale, se guérit par la nourriture et la nourriture s'obtient exclusivement par le travail.

Quand on aura décrété la dissolution de la Chambre des députés, et que les mêmes éléments électoraux l'auront remplacée, qu'y aura-t-il de changé dans la situation? Quand on aura révisé la Constitution dans le sens de l'abolition du Sénat, de l'élection du pouvoir exécutif par le suffrage universel; quand on aura résolu le problème de la séparation de l'Église et de l'État; quand le prince Victor, le comte de Paris ou le général Boulanger auront, l'un ou l'autre, remplacé le président de la République : en quoi ces transformations amèneront-elles l'apaisement haineux des partis, l'ambition immodérée de gouverner, d'émarger au budget, de vivre sans rien faire? Que la responsabilité appartienne au chef de l'État ou au Ministère : que la magistrature vienne de l'investiture ou de l'élection: que la presse soit libre jusqu'à l'abus ou qu'elle soit baillonnée jusqu'à l'extinction; que la liberté ou le despotisme règne : en quoi ces réformes amélioreront-elles le sort du prolétaire ou la tranquillité des possesseurs? Quel rapport y a-t-il entre elles et le travail, entre elles et la justice ?

Placez, au contraire, au sommet de la société un homme de génie ou une brute, un ange ou un démon; que cet être ait pour unique fonction de faire exécuter la justice :

Tout devoir accompli *acquiert* un droit ;

Tout droit acquis *doit* un devoir ;

Que, semblable à la Terre, qui ne peut s'éloigner de son orbite, il ne puisse, lui, sortir de cette unique attribution : que cela lui soit son devoir sacré, dont l'honneur, la gloire et la fortune seront le droit correspondant et vous verrez resplendir, pour la première fois, sur la société, le Soleil social qui est le Droit; le droit qu'il s'agit d'acquérir par le travail et qu'il s'agit, une fois acquis, de conserver par le travail.

Alors, la justice ne reposera plus sur des mots, mais sur un fait indiscutable. Chacun réglera soi-même son compte. *Ceux qui ont les choses* les défendront ou paieront ; *ceux qui n'ont rien* travailleront pour les acquérir.

Nous en avons assez de ces fameuses bases gouvernementales, de ces prétendus titres de l'humanité que Montesquieu a retrouvés et qui n'ont servi à rien. *La crainte*, base du despotisme ; *l'honneur*, base de la monarchie, et la *vertu*, base de la république, ne sont point de grandes pensées, mais de vaines et futiles paroles. Qu'est-ce qui inspire la crainte? La férocité, la force et la violence. Qu'est l'honneur? Qu'est la vertu ? L'honneur est au niveau de la justice, du devoir. Il est exigible, nécessaire. La vertu dépasse volontairement ce niveau et c'est ce qui fait son mérite; mais compter sur des actes volontaires pour le bon fonctionnement d'un état est aussi sage et fondé que d'attendre, pour dîner, les cailles rôties, tombant du ciel. La vertu est libre. Elle apparaît sous l'excitation de la pitié, qu'inspire l'injustice et la souffrance. Elle deviendrait inutile sous un gouvernement qui pratiquerait la justice.

Ainsi, d'après l'interprétation rationnelle des choses, Montesquieu aurait mieux dit :

La base du gouvernement despotique est la *violence* ; celle du gouvernement monarchique est la *ruse*, et celle du gouvernement républicain, la *justice*. Nous voulons la justice. Mais ce n'est rien de dire : c'est ou ce devrait être la justice, il faut la connaître et la pratiquer et dès lors la qualification, le titre du gouvernement deviennent indifférents. La crainte, l'honneur et la vertu, ou la violence, la ruse et la justice règnent sous tous les régimes, en dehors de toute acception de nom. Imposer la justice est le contraire du despotisme et, par conséquent, un honneur, un devoir et une vertu.

§. II. — *Le Droit législatif.*

Nous avons vu aux §§ IV et V, que le Droit Naturel est composé de deux facteurs : { Vivre et posséder ; } au § VII, que le droit social a aussi deux facteurs : { gouverner et être défendu, } et par le § II, dans la même partie des droits, que la véritable signification du terme « Droit » est « Avoir. »

Il en résulterait que Vivre et Posséder seraient des Avoirs naturels et Gouverner et Être défendu, des Avoirs sociaux.

Gouverner signifie spécialement faire des lois relatives à la possession sociale ; Être défendu est une expression de solidarité indiquant un droit dont le devoir correspondant est *défendre* soi-même les autres.

Gouverner et être défendu répondent exactement à l'idée de conserver ce que l'on possède et, par le travail, l'agrandir ; c'est-à-dire acquérir d'autres possessions.

Si les hommes ne s'étaient point écartés de la pratique du Droit naturel, chacun d'eux jouirait du droit de posséder une fraction de la terre, que nul homme n'a faite : mais par suite de circonstances qu'il est inutile de ressasser encore, la « propriété », dans les pays civilisés, est devenue le partage des uns à l'exclusion des autres, et c'est précisément la nécessité de maintenir, de défendre cet état de choses qui fut l'origine de l'institution des gouvernements. De là, une classe de citoyens qui ont *des droits* que ne possède pas une autre classe et, par conséquent, des devoirs à remplir que ceux-ci ne *doivent* pas. De là, la nécessité de la création d'une chambre spéciale que j'ai appelée : *chambre du droit législatif*, élue par un collége électoral composé exclusivement de citoyens qui possèdent les choses et au prorata de la quantité qu'ils en possèdent.

Or, au § XIII des Devoirs, nous avons déterminé le

critérium de la possession et de la non-possession des choses en ces formules :

Tout individu travaillant pour les autres *n'a rien ;*

Tout individu qui travaille pour lui-même, sans aide, a un capital minimum, lequel exige un minimum de sécurité sociale; partant il *doit* un minimum d'impôt et il *a droit* à un minimum de vote dans le règlement, dans le consentement des dépenses budgétaires, sociales et communes. Son *droit de voter* est exactement l'équivalent de son *devoir de payer.* La sécurité dont il a besoin correspond à la quantité de son capital. Les jouissances qu'il est en droit d'attendre de la sécurité sociale et des travaux communs sont en raison directe de l'importance de son capital. On se promène, on circule, on garde et on défend, on fait circuler les choses qu'on a en proportion de leur quantité.

Le minimum de vote que cet individu *a* est *un vote :* le minimum d'impôt qu'il *doit* est *une quote.*

Je suppose que deux ou trois frères, qu'un père et plusieurs fils *majeurs* vivent en travaillant sur un même capital : ils doivent autant de quotes qu'ils sont d'individus jouissant de ce capital. Leur nombre est l'indication certaine de son importance. Si ce capital ne suffisait pas à leur entretien total, il faudrait qu'un d'entre eux ou quelques-uns s'en allassent *travailler pour les autres,* indiquant ainsi la vraie *quantité,* la vraie *valeur,* le vrai *revenu* du capital possédé.

Que si l'on me demande, à propos de cet article : 1° à quel âge il conviendrait de fixer *la majorité* des fils pour que leur travail fût une indication de possession du capital les rendant passibles de la quote : 2° si les femmes oisives, se faisant servir, ou travaillant exclusivement pour elles-mêmes, devront l'impôt et par suite deviendront électrices, je réponds ceci : ces questions n'ont rien à voir avec le principe que je m'efforce d'établir : elles sont d'ordre organique et leur solution appartient aux chambres élues que je cherche à organiser selon la justice. Les hommes ont toujours fait les lois sans le concours des femmes. Quant à mon sentiment personnel sur la question, j'estime qu'une veuve opulente, se faisant servir par une douzaine de domestiques, *doit* treize quotes et *a droit* à treize votes, parce que la Formule indique qu'elle possède treize capitaux. Et je ne vois pas la raison plausible qu'un législateur sensé pourrait invoquer pour lui refuser un *droit* dont elle acquitterait *le devoir*. Tout au moins serait-elle capable, dans l'exercice et la jouissance de ce droit, de montrer plus d'intelligence et de discernement qu'un électeur mâle illettré. Mais alors elle serait éligible? Et pourquoi pas, si on la jugeait digne d'être élue et qu'elle voulût l'être ?

Ici se présente une difficulté apparente, et que nous allons résoudre, je l'espère, par l'application du principe de la justice naturelle.

Ce manufacturier, mettons qu'il est sucrier, occupe 5000 ouvriers dans ses usines. Est ce que je vais l'investir de cette puissance de disposer à lui seul, dans l'élection, de 5000 suffrages? Ou cette manufacture est en commandite : lequel des commanditaires aura le droit de disposer des voix? Devront-ils se les partager au prorata de leur apport dans la société? Alors ce serait l'objet d'une investigation sans résultat positif, d'une inquisition intolérable. Il y a plus : le chemin de fer de P. L. M. doit, je suppose, 100,000 quotes et cette propriété-capital compte un million d'actionnaires propriétaires : faudra-t-il que chacun d'eux vote au prorata des actions et des obligations qu'il a? Et comment diviser 100,000 voix entre un million d'individus?

On le voit, ces difficultés semblent insurmontables.

Eh bien ! il n'en est rien : Tout devoir accompli *acquiert* un droit : le sucrier, la commandite commerciale, le chemin de fer en actions n'ont accompli aucun devoir, n'ont réellement payé aucun impôt, aucune *quote* et n'ont droit, en conséquence, à aucun *vote*.

Ils n'ont payé aucun impôt, parce que la manufacture exploitée par un individu ou par une commandite a reporté largement sur le prix du kilogr. de sucre les sommes avancées au fisc ; parce que le chemin de fer les a fait entrer en compte dans la formation de ses tarifs. Ces prétendus impôts sont acquittés par les consommateurs de sucre et par ceux qui ont recours aux services du chemin de fer. Cet impôt retombe, par répercussion, sur le prolétaire qui n'a rien, qui ne doit rien, qui travaille pour les autres, au prorata de la faible consommation qu'il fait du sucre, au prorata de la faible utilité qu'il retire du chemin de fer.

Les impôts dont sont frappés le commerce et l'industrie doivent être divisés rationnellement en deux parts distinctes :

1° celles dont je m'occupe, qui est le prix de la sécurité nécessaire aux *droits à acquérir;* qui est en quelque sorte le rachat de l'injuste possession des choses naturelles contre le droit naturel de posséder : le rachat de l'exploitation indue de l'homme par l'homme, que l'organisation sociale a rendue inévitable, et qui retombe précisément sur les exploités au profit des exploitants ;

2° celle qui est le prix de la sécurité nécessaire aux *droits acquis,* aux produits accumulés du travail antérieur (capital).

La première est le devoir correspondant au droit d'acquérir des *jouissance futures* par un procédé anti-naturel, contre lequel rien ne peut réagir utilement que la *liberté absolue, dans l'univers, des produits du travail.* La liberté du travail, comme nous l'entendons, est une vaine parole, un subterfuge et un mensonge inventé par les hommes pour dissimuler leur honteuse injustice. Le travail ne saurait être libre quand les éléments indispensables à son exercice ne le sont pas ; quand ses produits, par la protection, sont imposés, à des prix surélevés, à ceux qui n'ont rien pour le profit de ceux qui ont. Le temps approche où les hommes jetteront un regard de pitié sur les *grands hommes* à qui nous élevons des statues pour avoir conquis la prétendue *liberté du travail,* qui ne fut, hélas ! même sous la féodalité, jamais plus esclave.

La seconde part des impôts payés par le commerce et l'industrie est le devoir correspondant au droit des *jouissances présentes,* des jouissances acquises, réservées, épargnées, immédiates. Cette part est commune à celui qui travaille et à celui qui repose. Elle est propre, privée et supportée réellement par lui-même, car il n'a aucun moyen de s'en décharger sur le prix des choses dont le pauvre prolétaire a l'indispensable besoin. C'est pourquoi les quotes indicatrices de son capital, qui résultent de cette espèce et qu'il *doit* acquitter, lui donnent le *droit* d'intervenir dans le règlement social des dépenses qui les justifient.

En résumé, et pour me faire comprendre par un exemple :

L'industriel et le commerçant ont droit à autant de votes tendant à régler les dépenses sociales qu'ils paient *réellement* de quotes indicatrices de leurs jouissances acquises, personnelles et présentes. Mon industriel devrait 5000 quotes commerciales, servant à garantir son industrie, sans la compensation d'aucun droit de vote relatif à ses dépenses ; mais il disposerait d'autant de votes, pour cet objet, qu'il occuperait de salariés indicateurs de ses jouissances privées. Mon P. L. M. devrait 100,000 quotes, sans vote, justifiées par la sécurité nécessaire au capital qu'il représente : mais le million d'obligataires et d'actionnaires, ses véritables possesseurs, jouiraient des voix correspondantes aux *jouissances nettes* que ce capital leur donne.

Les membres de la chambre du droit législatif, chambre du budget ou des dépenses, seraient élus exclusivement par leurs pairs en droits, au prorata des droits (Avoirs) de chacun, parce que chacun *devrait payer* au prorata de ces *Avoirs* (Droits).

La composition de cette chambre répondrait exactement à la loi universelle dualitaire, par ses facteurs inséparables :

$$\left.\begin{array}{c} \text{Avoir} \\ \text{et} \\ \text{conserver} \\ \text{(ou acquérir)} \end{array}\right\} = \text{Chambre du Droit législatif.}$$

§ III. — *Le Devoir législatif.*

Je rencontre cette singulière anomalie au cours de ma
démonstration : Je ne puis traiter d'un facteur appartenant à une dualité sans être aussitôt dans l'obligation de traiter en même temps d'un second facteur. Je
défie le plus illustre des savants d'élucubrer sur l'âme
sans faire intervenir le corps ; de nous parler du droit en
se taisant sur le devoir, ou de nous expliquer la Terre
sans nous dire ce qu'il pourra sur le Soleil. Il en résulte
ce double écueil : ou que je me vois forcé à des répéti-
tions fastidieuses, ou que je laisse dans l'obscurité des
points importants de ma laborieuse thèse.

J'ai dit plusieurs fois dans le cours de cette étude :

« L'individu qui travaille pour les autres n'a rien et
ne doit pas l'impôt. »

« L'individu qui ne paie pas l'impôt n'a aucun droit à
gouverner. »

Entendons-nous. Il n'a aucun droit à régler, à gouverner, à légiférer sur des dépenses qu'il ne paie pas ; il ne peut avoir *un droit* dont il ne remplit pas *le devoir ;* mais il a l'impérieux besoin, dès qu'il fait partie intégrante de la société, dès qu'il en est une nécessité, (car le travail est inséparable du capital), il a l'impérieux besoin, dis-je, d'exiger de la société que les devoirs qu'il doit remplir, sous peine de perdre la vie, lui procurent l'acquisition des droits correspondants. Ses *droits à acquérir* étant placés, dans l'organisation sociale, sous la dépendance *des droits acquis,* il a le droit de collaborer à la constitution d'un gouvernement qui assure à ses devoirs accomplis la sécurité des droits. Sinon la société est, purement et simplement, en état d'esclavage.

Les raisons à invoquer en faveur de son droit de légiférer sur le devoir sont :

1° qu'il paie et qu'il paiera, indirectement et par répercussion, quoi qu'on fasse, les quotes d'impôt avancées au fisc par le commerce et l'industrie ;

2° qu'il *doit* les devoirs naturels de { se conserver, et travailler.

sans l'accomplissement desquels il perdrait la vie, non-seulement lui-même, mais encore les possesseurs des droits acquis ;

3° qu'il ne peut se soustraire à l'obligation de { obéir et défendre ;

c'est-à-dire obéir aux lois qu'il aura votées volontairement ;

les défendre contre toute agression et, par réciprocité sociale, défendre la vie des citoyens qui défendront la sienne.

Se conserver)
    et   } sont les facteurs inséparables du Devoir-
travailler)

Naturel, lequel, en aucune circonstance, ne peut abandonner l'homme ;

Obéir   )
    et   } sont les facteurs du Devoir-Social, lequel se
Défendre)

résume en l'action de payer les jouissances sociales par
(le travail présent
{   ou
(le travail antérieur (Capital).

Tous les hommes, sans exception, doivent les devoirs naturels qu'implique la possession de la vie ; tous, également, doivent les devoirs sociaux tendant aux *droits à acquérir :* d'où la conséquence que la totalité des citoyens possèdent le droit de vote uninominal, d'élire les membres de la *Chambre du devoir législatif*, dont les facteurs sont
(Devoir : devoir naturel,
{   et   et
(payer : devoir social.

La chambre du devoir législatif, issue du suffrage universel, fondée sur les facteurs de la Loi naturelle, aurait la priorité d'importance ; la chambre du droit législatif, issue du suffrage restreint, n'aurait de raison d'être que la nécessité d'obéir à la formule de la Justice naturelle :

Tout devoir accompli acquiert un droit. Ceux qui *doivent* payer les impôts ont le *droit* de les voter.

La première aurait pour fonction exclusive d'assurer, par les lois, la sécurité aux *droits à acquérir*, aux droits en formation, aux droits qui n'existent pas encore, à la vie sociale future : car le présent est insaisissable et le passé s'est enfui sans retour : soit l'équivalence de la protection aux devoirs. La seconde aurait pour fonction exclusive d'assurer la sécurité aux *droits acquis* dans le passé ; c'est-à-dire de régler, par des lois, les devoirs sans l'accomplissement desquels ces droits, sous tous les rapports, sont illusoires. Tout capital (droit), si important fût-il, est une non-valeur sans le travail (devoir), tout travail est impuissant sans capital.

§IV. — *Le Droit législatif*   *facteurs*
et   *du Pouvoir*
le Devoir législatif   *exécutif.*

La chambre du droit législatif représente une classe de citoyens qui ont des droits acquis dans le passé ; la chambre du devoir législatif représente la totalité des citoyens qui doivent accomplir des devoirs s'ils veulent acquérir des droits dans l'avenir. Ces deux fonctions sont inséparables. L'une et l'autre sont dans une dépendance réciproque : tels le soleil et la terre. la vie et la mort, la pensée et le corps.

Ces deux chambres représentent la totalité des citoyens, la totalité des droits et des devoirs individuels de la société.

Ni l'une ni l'autre *n'ont* des droits sociaux en dehors des devoirs sociaux qui en sont la justification.

L'une et l'autre *doivent* respectivement *le devoir* d'élaborer des lois.

Les lois sociales ont pour objet de fortifier, de respecter, d'imposer la pratique de la Loi naturelle (se conserver et travailler.

La Loi-naturelle implique la possession des Droits-Naturels (vivre et posséder.

Les Droits-Naturels sont le type des Droits sociaux.

Toute jouissance. toute loi sociale et tout prétendu droit social tendant à affaiblir le Droit-Naturel est un faux droit, une fausse loi, une jouissance imméritée.

Toute proposition d'une pareille loi faite aux chambres implique, pour son auteur, la déchéance législative, suivie, *ipso facto*, d'une déclaration d'inéligibilité perpétuelle.

Les empiétements d'attributions d'une chambre sur les attributions de l'autre chambre, entraînent le même effet.

La constitution la plus développée et la plus complète que puisse se donner un peuple est contenue dans ces **deux lignes:**

Pour le peuple : Tout devoir accompli acquiert un droit ; Tout droit acquis doit un devoir.

Pour les élus : Droit et Devoir.

Pour le Chef exécutif : Justice.

La Justice est la synthèse de ces deux facteurs : le droit et le devoir.

Elle est le sommet du triangle-rectangle dont le peuple hypoténuse forme la base. Le droit est le premier côté ; le devoir est le second côté.

$$\left. \begin{array}{c} \text{Le droit} \\ \text{et} \\ \text{le devoir} \end{array} \right\} \text{ sont les facteurs de la justice.}$$

Quels sont ou que devraient être les devoirs ou les fonctions d'un cacique, d'un empereur, d'un roi ou d'un président de république? Exactement et exclusivement d'assurer le respect du droit et d'imposer l'accomplissement du devoir : c'est-à-dire d'imposer l'obéissance aux lois élaborées, conformément au droit et au devoir naturels de vivre et se conserver, par les chambres élues du droit et du devoir.

$$\text{Les chambres} \left\{ \begin{array}{c} \text{du droit législatif} \\ \text{et} \\ \text{du devoir législatif} \end{array} \right\} \begin{array}{l} \text{sont donc les fac-} \\ \text{teurs du} \\ \text{pouvoir exécutif.} \end{array}$$

Le pouvoir exécutif reçoit et accepte des chambres l'ordre de faire exécuter les lois. Il n'a aucune initiative **législative**.

§ V. — *La Formule*

La Formule est la dualité universelle. C'est la production d'un effet quelconque par l'union indispensable de deux facteurs : c'est l'enchaînement des causes, par la synthèse, des phénomènes relatifs à la substance absolue, des formes déterminées à la forme infinie ; ou c'est l'enchaînement des causes, par l'analyse, de l'univers aux phénomènes :

Soleil et Matière	Loi de l'Univers.
Vivre et Travailler	Loi naturelle de l'homme.
Avoir et Devoir	Loi sociale.

TABLE DES MATIÈRES

PREMIÈRE PARTIE

DES DROITS

SECONDE PARTIE

DES DEVOIRS

Imprimerie des Écoles Henri JOUVE, 23, Rue Racine. Paris.

Imp. des Écoles, Henri JOUVE, 23, rue Racine, Paris.

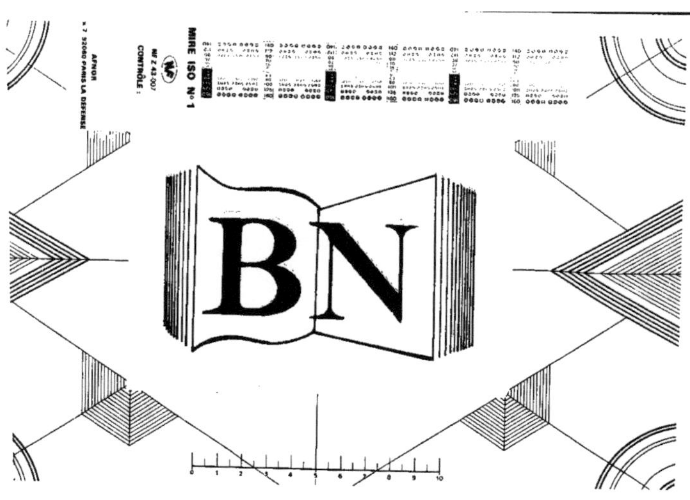

www.ingramcontent.com/pod-product-compliance
Ingram Content Group UK Ltd.
Pitfield, Milton Keynes, MK11 3LW, UK
UKHW020128130726
13696UKWH00001B/260